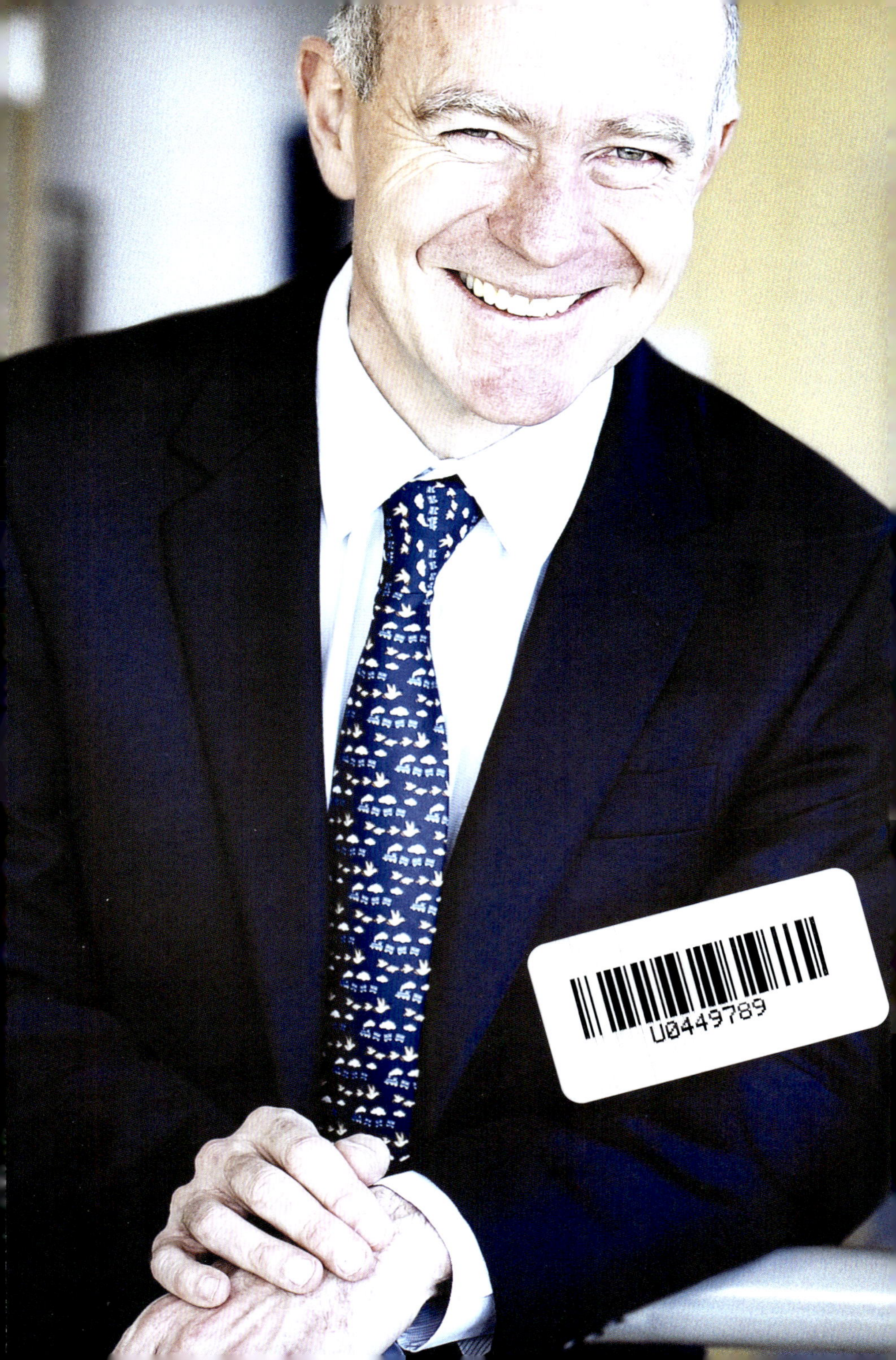

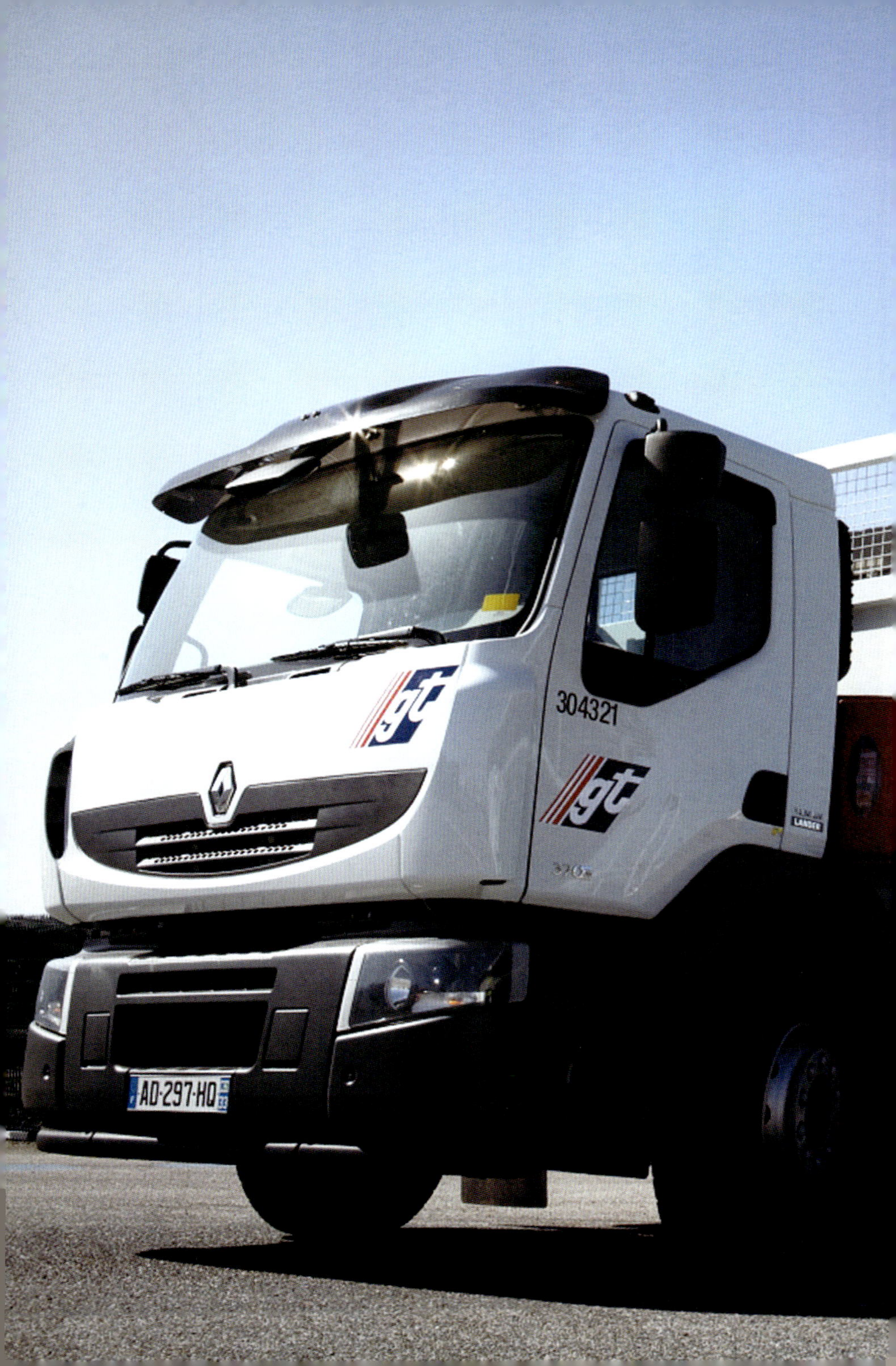
304321
AD·297·HQ

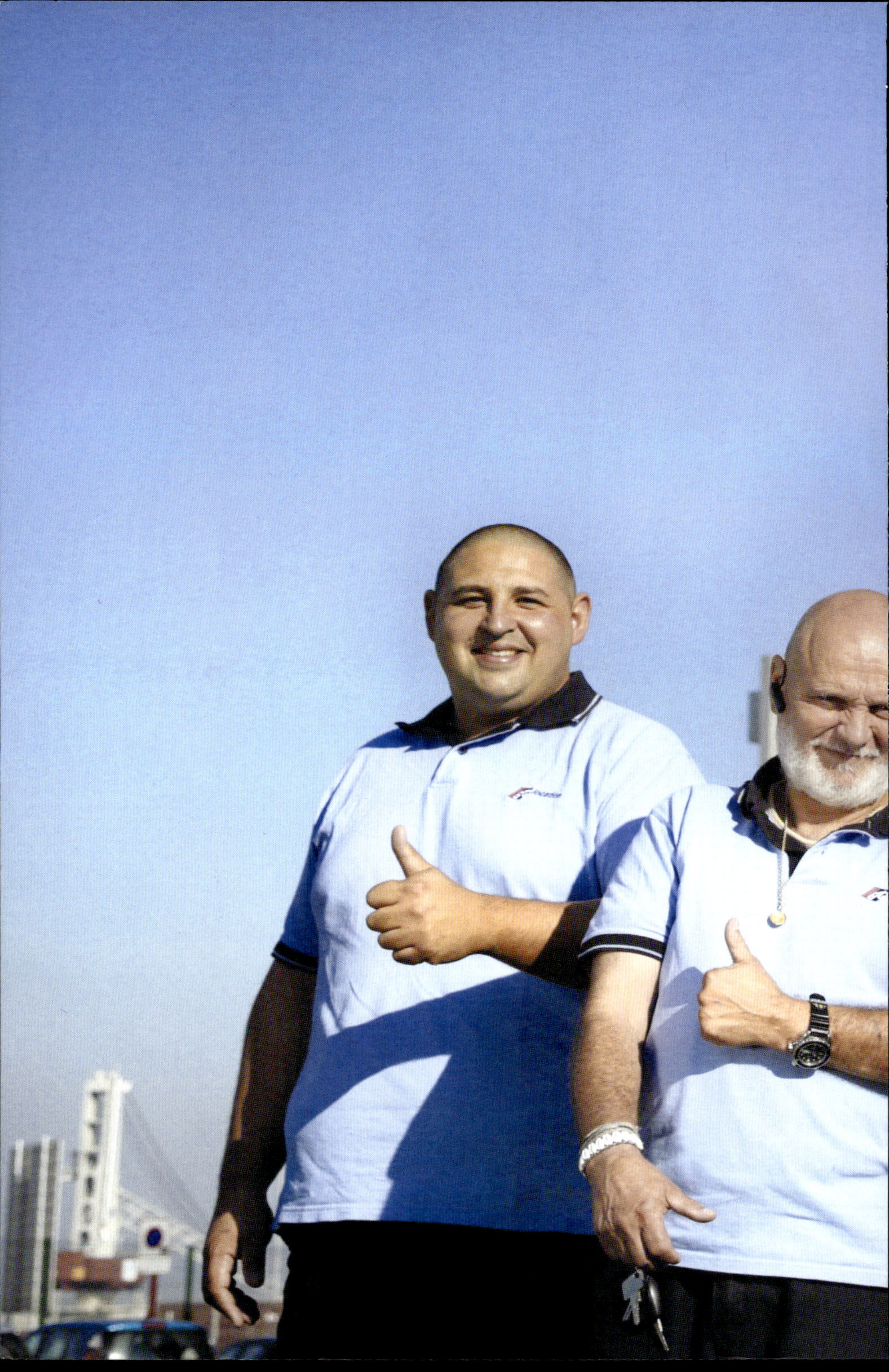

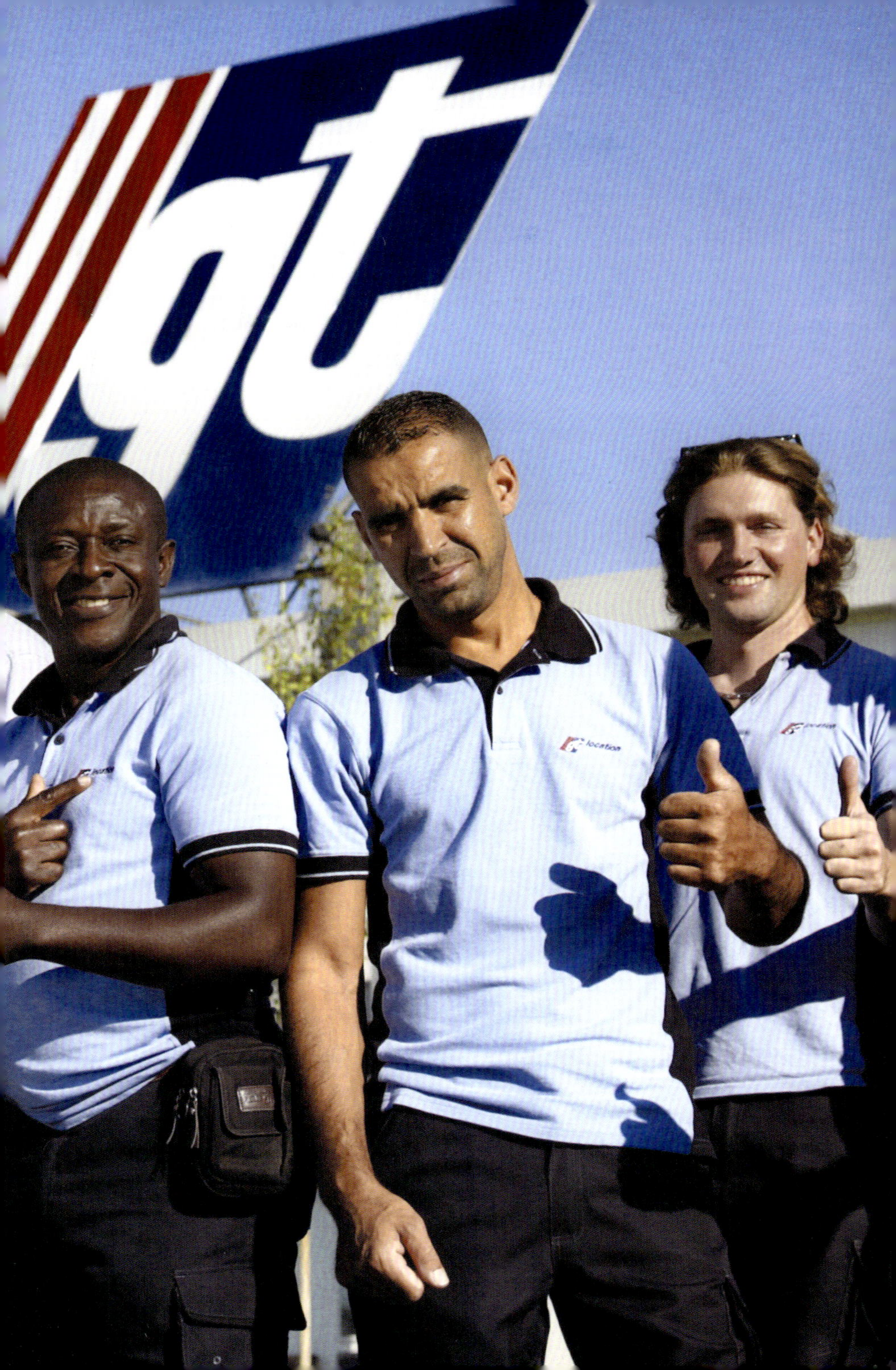
location

# SÉMINAIRE / FUTUROSCOPE
## VISION - MARS 2016

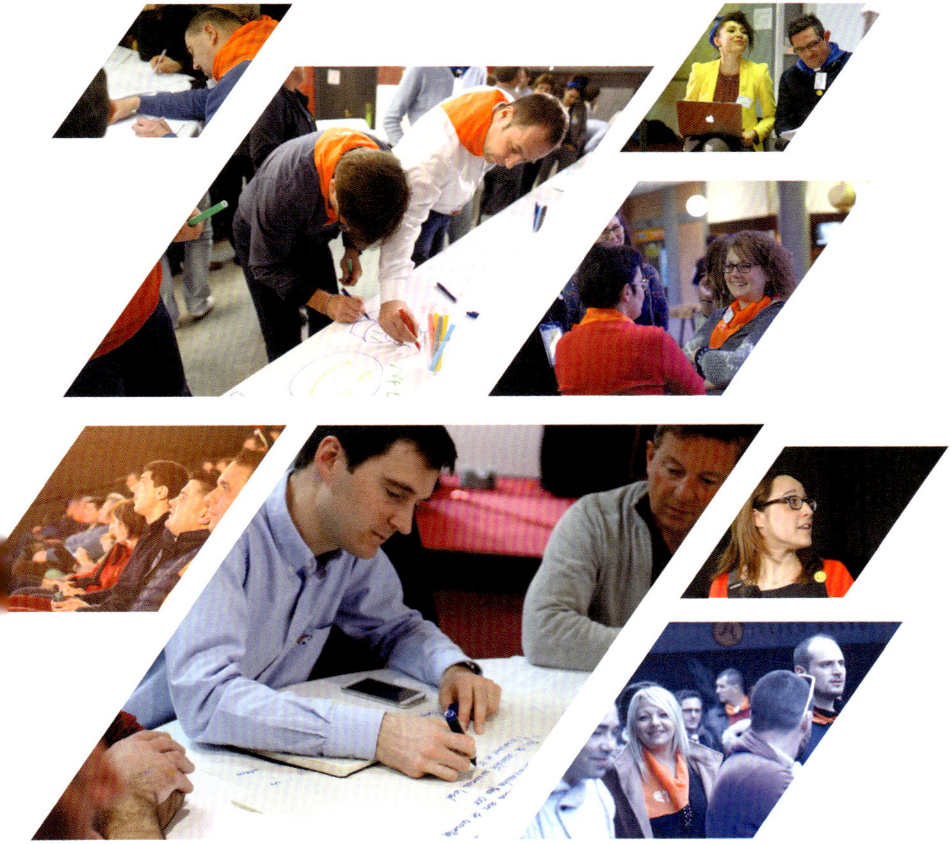

## Chronologie GT Location

**1946** — Création à Bordeaux de la Générale de Traction par Gaston Trochery

**1956** — La Compagnie Générale de Traction devient **la Générale de Traction**

**1963** — 80 salariés et 186 véhicules. Se spécialise dans le transport de gaz

**1965** — Création de l'Institut de formation de la Société GT

**1968** — Eric Sarrat, petit-fils du fondateur, entre à la Générale de Traction

**1978** — Lancement dans les produits frais (Danone et Gervais). Eric Sarrat devient Président. Création du "Lease Back Social" (reprise du matériel et des conducteurs de ses clients)

**1979** — Michel Sarrat, troisième petit-fils de Gaston Trochery entre à son tour à la Générale de Traction comme directeur du développement

**1985 / 1986** — La Générale de Traction devient GT Location. Michel Sarrat devient Directeur Général

**1987** — 1er accord d'intéressement et création de l'École du Conducteur

**1990 / 1993** — Création des filiales régionales. Ouverture du capital aux salariés. Mise en place l'actionnariat

**2000** — Création de GT Logistics. Dûe à la croissance de la logistique industrielle

**2005** — Lancement de l'École du Management GT. Pour former son personnel

**2013** — GT Location lance « Grandir Tous Ensemble »

**2015 / 2016** — GT Location poursuit sa démarche de transformation en lançant l'élaboration de sa VISION

# 转型

[法] 米歇尔·萨尔特 著
Michel Sarrat

郭倩 毕聪敏 李卫红 译
方宗贤 郭佳 审校

NOUS REINVENTONS
**NOTRE**
**ENTREPRISE**

法国老牌物流公司GT运输的
组织进化之旅

人民东方出版传媒
People's Oriental Publishing & Media
东方出版社
The Oriental Press

与米歇尔·萨尔特（Michel Sarrat）结识，缘于2017年11月我恰好有机会要到他的公司去拜访。一早亲自开车到酒店来接我的那位非常和善的老人居然就是这家千人公司的董事长，他的谦逊和亲近感一下子就感动了我。

在为期一天的拜访中，我听说了公司里的许多故事：人力资源总监职位取消了，自组织、自定薪酬，司机参与招聘未来的同事……其中有许多对我来讲是新鲜事。我在中国也曾开过物流公司，很清楚这个行业所面临的利润低、员工文化素质不高、行业规范严格等诸多困难。能在这样一个再传统不过的行业中做成"青色"组织，实在无法不让人钦佩。

2018年年底，我看到米歇尔新出的书，读了不到十页就非常激动，因为曾经拜访过他的企业，所以感觉很多例子就活生生地呈现在我眼前。尽管正值星期天，我还是忍不住直接打电话给他，询问是否可以把它翻译成中文出版，给中国的企业主以启迪和鼓舞。

感恩方宗贤（Emily）信任地采纳了我提出的众译提议，我们获得了东方出版社申浩（Sunny）的支持，然后会同当年共同众译《重塑组织》《自由企业》的原班人马——郭倩、毕聪敏、李卫红——翻译了这本书。很感激这几位伙伴前期的辛勤翻译。

对我来说，整个翻译过程中最困难的，是在所有人翻译结束后，我被邀请处理几个法文词与中文对应的翻译。我非常诧异地看到了这本书的困难之处：原文是法文的，为了可以在中国众译，我请米歇尔找人把法文翻译成英文，众译团队是从英文入手。但翻译真的不是一个简单的按个按钮就能转换出来的机械工作，每一次翻译都是个再创作的过程。我们面临从法文到英文再到中文的三次创作。

书中出现的翻译问题远不止几个词而已，我感觉到需要对照法文校对一遍全书。

当最终意识到这个问题的严重性时，我非常紧张，担心无法按照承诺的截止时间交稿，担心众译伙伴会觉得我对他们的工作不信任，懊悔为什么不早一点儿听取翻译伙伴们的提醒……

我又抓起电话拨给米歇尔。他很努力地倾听我混乱没有逻辑的表述，留下时间和空间给我自己整理情绪。十几分钟后，我下定了决心：虽然重新对照法文校对是个很沉重的责任，但作为众译小组里唯一懂法文的人，我觉得自己有义务进行把关，呈现出一个无愧于中国读者的版本。

借事修人。感恩这个众译、自组织、自由与责任同存的过程。

郭佳（Jia）

2018年4月，在法国里尔托斯卡纳的篝火晚会上，我第一次听到米歇尔和他公司的HR同事分享他们的故事。两年多时间过去，他们的故事中具有穿透力的能量依然影响着我。

米歇尔说，公司的几位高管得了重病，甚至有人因治疗无效逝去，这令他意识到并下定决心要以一种不同的方式去经营企业，由此他们启动了"共同成长"的变革之旅。不知不觉中我被他的故事深深触动，泪水顺着脸颊滑落，那是一种生命共振、共鸣的体验。

HR部门的同事也做了分享，在之前的经理转岗后，他们自主决定不再需要经理，实行自主管理。过了几年后，也就是2018年，他们需要一位能带来新视角的经理，因此决定招聘一位HR经理。在篝火晚会现场，他问四百多名参与者，谁有兴趣做他们的"老板"？对于当时的我来说，这是非常令人震惊的，原来还可以"招聘老板"！

我满心好奇，想要更多了解他们的故事，可惜那时候《转型》的法文版刚刚出版。后来米歇尔请人将其翻译成了英文版，Jia（郭佳）将英文版带到中国，我们也在2019年夏天开始将其翻译成中文。2020年，疫情过后的夏天，《转型》与中国的企业家们见面，这似乎是一种恰到好处的能量流动！

李卫红

几年前一个非常偶然的机会我加入了《重塑组织》的众译，因为被青色的组织形式所吸引，接下来我又分别参加了《自由企业》和这本《转型》的翻译。

在翻译过程中，我领略到了员工自主管理所激发出的主人翁精神，信任所释放的潜能，集体智慧所带来的硕果。这一切，无不深深地震撼着我的心灵，我为这种"无为而治"的管理模式所折服。

我问自己："我既不是企业主，也不位于整个组织的最顶层，对于自主管理模式，我可以在公司里做些什么？"随着翻译的推进，我找到了答案：我可以从自身开始，在日常的工作中践行自主管理的元素——信任、发挥集体智慧，我也可以把自主管理的元素带到公司。

3年前，为了更好地提高全员安全意识，我们公司决定成立工人安全委员会，委员会采用自我管理的模式，员工自愿报名，委员会的最高领导——协调员由委员们自愿报名然后选举产生，委员会可以决定自己的工作方式和章程，管理层只是他们的"资源"，在他们需要时提供支持。随着委员会的诞生，待遇问题接踵而来，委员们都是生产倒班人员，他们参加委员会的活动必须利用业余时间。那时，我还不知道《转型》的作者米歇尔是如何让员工自行决定薪水的，但冥冥之中似乎有种感应——我想让委员们自己决定自己的待遇。对此，我跟管理层进行了探讨，虽然大家有许多担心，但最后我们选择了信任，由委员们自己决定自己的待遇！事实证明，信任的力量是无穷的，我欣喜地看到，委员们提出的待遇要求非常合理。工人安全委员会已经运行3年多了，每一届都是采用自我管理的模式，他们的聪明才智，他们的工作成效，充分证明了信任和集体智慧带来的力量。

"集体智慧"并不是新名词，"无为而治"几千年前就被老子提出，人人都知道"三个臭皮匠顶个诸葛亮"，领导者们当然知道集体智慧的重要性。问题是，在现实世界中有多少企业仍在浪费员工的聪明才智？又有多少组织，当老板们正在承受着巨大的企业生存及发展的压力时，员工仿佛是旁观者，或者看热闹，或者心里着急却不敢献计献策？每位企业家、管理者都期望员工有"主人翁精神"，"积极主动"，却常常感叹"求之不得"。是什么造成了这种状况？是领导者自己，准确来讲是领导者的"小我"造成的。正如米歇尔在本书中所讲，组织的领导者，尤其是身居高位的企业主、CEO及其高管团队，首先需要进化，需要明确自己作为领导者的愿景，需要检讨藏在自己心里对员工的假设。只有组织的最高管理层进化了，组织才能得以进化。

在这本书里，米歇尔详尽地介绍了他及其他的高管团队是如何通过自我进化带动整个组织的进化，进而重塑了一个生机勃勃的组织的。

方宗贤

六年前参与的一次企业大型复盘项目，让我意识到组织发展与经营管理中的各种难题，在源头上与领导者的意识状态以及员工集体智慧的发挥程度密不可分。随后的学习教练以及翻译《重塑组织》，使我在理论层面完善了上述结论，清晰了个人意识进化与组织进化的关系。

当人们对《重塑组织》中的各种理念心生向往，在实践中却无从下手的时候，本书向读者真实展现了企业领导者及其组织变革与重塑的详细过程。这无疑是一次带着勇气拥抱不确定性，通过领导者内在的自我变革、建立平等与信任的文化氛围，从而激发集体智慧和组织活力，实现组织变革与生态发展的英雄之旅；而作者以一种谦和、平实的方式将过程中的困惑、挣扎与喜悦等各种感受与经历娓娓道来，犹如一位老朋友真诚开放的分享，让读者能够触摸到理想通往现实的落地方法。我本人也在翻译过程中越发坚定了通过教练、行动学习等激发个体及群体智慧的方式支持组织进化的决心与信心。

2020年，一场突如其来的疫情让个人和组织有了更多向内的探索。当绩效增长再次成为诸多企业面临的棘手话题，企业领导者也越发意识到激发员工集体智慧、实现可持续发展的重要性。本书的出现恰逢其时，对于那些希望引领组织变革、实现可持续发展的企业主和领导者而言是一本不可错过的参考资料。衷心祝愿更多中国企业开启更加高效的组织变革！

毕聪敏

# 目 录

中文版序 …………………………………… I

序 ………………………………………… II

引言 ………………………………………… VII

鸣谢 ………………………………………… XII

## 第 1 部分　公司背景及进化转型的动机 …………… 1

 1 为什么集体智慧值得大力开发？………… 3

 2 一家普通平常的企业，但又不仅如此………… 17

 3 公司近期历史 ………………………… 30

## 第 2 部分　进化之旅中的重要里程碑 …………… 43

 4 释放言论 ……………………………… 45

 5 人力资源总监去哪了？………………… 64

| | | |
|---|---|---|
| 6 | 构建公司的身份特征 | 82 |
| 7 | 钱在这一切当中的位置？ | 97 |
| 8 | 高管团队该做什么？ | 115 |
| 9 | 书写集体梦想：勾画愿景 | 132 |

## 第3部分 普通人和老板：当角色转换时 149

| | | |
|---|---|---|
| 10 | 公司和CEO：谁改变了谁？ | 151 |
| 11 | 家族式经营 | 174 |
| 12 | 以本质为核心 | 188 |

结语 …… 202
对我有所启迪的书籍 …… 210

# 中文版序

我万分激动地意识到我在《转型》这本书里所描述的经验即将跨越千山万水，到达中国读者手里。对于欧洲人来说，中国是一个拥有丰富、悠久文化的国家，同时其经济实力的雄厚和对世界的影响力是如此巨大。所以，当意识到我们企业的经验将有机会连接到中国的企业，这对于我来说，是件超凡美好的事情。

这一切能够成行，需要感谢郭佳的信任和友谊，是她首先冒出这个翻译的想法，又组织了一群志同道合、充满激情和用心的众译伙伴：方宗贤、郭倩、李卫红、毕聪敏。我对佳和众译团队的辛勤付出深表感激。

同时我也很感恩东方出版社申浩女士的信任，给我的书以机会来到中国。

如果说我书中所带来的亲身经历能够启发到中国的企业主，让他们有意愿去发起一场组织进化、体验集体智慧、共享信任、对自己企业的变革，我将无比荣幸。

米歇尔·萨尔特

# 序

米歇尔·萨尔特（Michel Sarrat），是一位给人以启迪的领导者，他用自己的探索旅程给我们提供了很多关键性的指引，引导我们一起走在积极变革的路上。借用马尔罗（Malraux）[①]的话来说，就是把他的体验升华为我们的意识。米歇尔借由本书向我们传达了一种信息；更重要的是，他的表述非常简单、质朴、真诚，使我们在阅读的过程中，能够不断地在理性层面的理解和自我内在的感知间交替进行。

米歇尔的变革可以说是对其公司运营系统进行了一场彻底重塑。起初，变革的愿望是释放在传统管理中看不见的集体智慧。集体智慧之所以无法显现，是因为在传统管理中人与人之间没有充分信任。但，释放集体智慧本身并不是终极目标，而是一个帮助公司重新定位核心竞争力的过程：员工自发的、自然而然的创新将成为公司的竞争力。当员工职责范围扩大时，

---

[①] "活着就要尽可能将经验转变为意识。"引自加埃唐·皮康（Gaëtan Picon），《马尔罗》(*Malraux par lui-même*)，Seuil 出版社，1970。

# 序

员工需要拓展新的能力和解决方案来应对所面临的挑战。如果说以往他们一直是等待从上级或专家那里获得解决方案,那现在他们需要自己去找答案,并且学会在寻找答案的过程中获得满足。由于这家公司很大程度上是依赖拥有很大自主权的卡车司机们来和客户保持紧密联系的,因此变革就从卡车司机这个层面开始。"取之于民,用之于民",这个角度很实用。

正如弗朗索瓦·芝路(François Guiraud)指出的那样,这种理念是将"担责"与"服从"这两个过程对立起来[1]。这并不意味着反对西蒙娜·韦伊(Simone Weil)所提出的"服从是人类精神层面的一项基本需求",而是指出,当整个组织都以行动为导向的时候,不可思议的力量就会涌现出来。在这种情况下,组织里的成员们是心悦诚服、全心全意地实施一个他们理解并且热爱的项目,而不是消极地服从一个指令。大多数时候,基层员工才是各自领域里的内行,他们更清楚什么才是最好的决定[2]。

这就是为什么米歇尔·萨尔特非常用心地解释,他和他的

---

[1] 弗雷德里克·勒努瓦(Frédéric Lenoir),《责任的时代:就伦理操守话题的访谈录》,Arthème Fayard 出版社,1991 年,2013 年(现行版)第 169-170 页:在后记里,保罗·里科尔(Paul Ricoeur)指出了在一个注重效率的世界里,使用这些概念所带来的风险,至少可以说,实施这些概念是有问题的。

[2] 西蒙娜·韦伊,《扎根的需求:人类责任宣言的序幕》,Gallimard 出版社,1943 年,1999 年(现行版)第 1034 页:"服从是人类精神层面的一项基本需求。这意味着人们对于所收到的各种指令会给出一个整体的'同意',不再针对每一个收到的指令做出反馈,除非遇到良知不能得到满足的时候。"

团队是如何带动公司所有成员甚至董事会和投资者，来明确那些通常含糊不清的概念，即使命、愿景和价值观。一旦这三个概念被具体化，它们就会成为一个公司持久的重要元素。人类需要稳定，尽管我们所处的世界以前所未有的速度变化着，但这并不意味着我们要为了变化而变化。强调这些常青元素意味着，只要行动符合愿景，我们在行动中就不会迷失方向。

当每个人都很清楚公司的愿景时，信任、集体智慧的释放和赋能就不会再被视作风险，反而会激发出对工作进行变革的能量。变革永远是员工在工作中全力以赴的驱动力，也是确保每个人可以持久、平衡地投入其中的唯一动力。

CEO首先要进行个人自我变革，否则组织的重塑就永远不会发生。本书讲述的故事中非常棒的地方是，作者的个人变革并非靠自我对话或者在个小房间里和外部教练的对话完成的。诚然，最初启动时他是因某种感受触发了个人反思和个体的决策，他当时直觉感知到：从某种意义上说，他和他的董事会高管团队成了公司最主要的问题。他提出的"谁改变谁"这个问题，揭示了一个重要的循环：行动—反应—反馈。这个循环逐渐地，且越来越快地改变了CEO和公司成员的关系，使公司朝着一个更敏捷、更大胆的组织进化着，它遵循的逻辑就是：并非所有事情都要由领导来决定。

为了创建这一积极正向的循环，CEO在改革期间必须时不

# 序

时地抽身出来，自我寻求给养。在这个退后一步反思的过程中，他要能够从众多事物中辨别出什么是最核心的。如果说有那么件事是 CEO 无法授权给他人来做的，那就是识别出关乎本质的事。本书中所描述的米歇尔在隐退时的思考，会把读者带到情绪中，我们可以看得出来这段时间对他和公司都很有意义。

实际上，如果 CEO 完全陷入日常行动中，他就不可能弄清楚什么是最核心本质的事。如尼赫鲁（Nehru）所说："如果需要我们的双脚踩在地上，那么就不要让我们的头和地平面处在同一个位置。"① 把看问题的视角提升到更高的高度意味着不要把思维局限在一维的思考里面，在一维的思考里面只是在行动与结果中打转，而不会去寻根溯源。

同理，米歇尔·萨尔特在本书中写到他相信一家公司既可以做出经济业绩，也可以让员工绽放自己，同时回报社会。他把我们带到这样一个高度上看问题，让我们不再把价值观与日常行动割裂开，而是有机统一起来，在行动中做自己，让价值观指引行动。

本书逐步展示出一位人本合一的企业家，那些和他接近的人都能感受到他谦和而又强烈的影响，能给他人带来启迪的力

---

① 安德烈·马尔罗（André Malraux），《反回忆录》（Antimémoires），Gallimard 出版社，1967 年，第 334 页。

量。弗朗索瓦·雅各布（François Jacob）将这称为一个人的"内在雕像[1]"，认为这是领导者魅力的首要条件。

**贝特朗·巴拉兰（Bertrand Ballarin）**
米其林集团 劳资关系部总经理

---

[1] 弗朗索瓦·雅各布（François Jacob），《内在雕像》（*The Statue Within*），Odile Jacob 出版社，1987年。

# 引　言

那是一个大雾弥漫的天气，我在雾中已经走了两个小时。在离开山区的歇脚点后，我沿着湖边，顺着一条显眼的小路向前行进。我知道，过了这个湖，我得离开这条小路，往一个山峡走，那个山峡会把我引向另一个山谷。我并不知道哪一条路才能把我带到我要去的山峡，但是，我有信心。与此同时，我也不轻视任何可能让我误入歧途的蛛丝马迹。突然，雾散了，第一个山峰露了出来，接着整个山谷呈现在我眼前，而我恰恰就站在那个山峡口。瞧啊，我走的路是对的，这让我兴奋不已！我在美丽的比利牛斯山谷中，经历了难以形容又如此感人的一刻。

我从 2001 年开始运营 GT 运输（GT Location）。这家货运公司有 1700 名员工。在过去五年间，公司的发展像极了这次登山：我们取得了进步，但有时是在迷雾中穿行，有时是在怀疑中前进，然而所有的一切无不充满了公司特有的活力。我们一边前行，一边创造自己的道路，我们经历成功，也历经失败，我们创造了自己的方法来转换、释放每个人的能量。

在公司的一些运营站点，传统上由"老板"们负责的任务和职责现在由司机们来负责，例如，制订工作和休假计划，甚至车辆维修有关的事宜，包括签发工作单和审核相关发票，也都由司机接管了。连缺司机或车坏了这样的事情，都由员工来负责处理。

我们越来越多地采用合作招聘的方式来录取新员工。这种招聘主要是由司机组成的小组选择未来的同事。为了做好招聘工作，这些司机都经过了相应的培训。

让我们来听听文森特（Vincent）的故事。他的故事充分证明：每位员工所拥有的自治和自主能帮助公司取得重大进步。文森特原本是名司机，在法国马延省（Mayenne）给农民送面粉。他深受客户喜爱，并对自己所处的行业非常精通。有一天，他在和一名车主司机聊天时得知，这名车主司机想转让自己的小生意。文森特与他的分公司经理讨论了这件事并主导了与这名车主司机的大部分谈判。当我们高层管理团队听说了这件事后，最终决定收购这家小公司。如今，文森特是这家企业的负责人。

我们公司的进化转型是通过一系列的事件完成的，一旦把这一系列的事件像拼图一样拼在一起，就能清清楚楚地看见其整体的图像及全部的意义。过去两年以来，我们经常受邀参加

# 引 言

与企业"自由"有关话题的研讨会。其他企业如何以 GT 运输为例来进行"组织进化"呢？许多公司来拜访我们的团队，他们主要是来打听 GT 运输的经历，来学习我们的经验。我们也从其他公司的历程中学到了很多。分享经验能丰富人心并鼓舞士气，这也是我写本书的初衷！

我之所以斗胆写这本书，也是为了验证弗雷德里克·莱卢（Frederic laloux）在《重塑组织》中所讲：企业正在创造一种趋势。我想告诉人们，一个"传统"的公司是如何转型、如何逐步进行自我进化的，而这种进化又是如何与 CEO 自身的进化紧密相连的。

GT 运输并不能算是一个成功的故事。我们属于公路货物运输行业，众所周知这个行业的利润率非常低，竞争非常激烈，而且还有严格的法规限制。但这本书讲述了一个公司的"真实"故事。读完这本书，你就会看到在变革一家企业时可能会犯的错误，你也会看到一路走来需要付出多少努力、多少探索、多少尝试和多少失败，当然你也会看到所收获的惊喜和兴奋。你会看到集体智慧在公司得到应用时所带来的震撼。你还会看到，当用信任来激励员工时，他们的承诺有多么坚定不移。

自从我们决定冒险开始"集体智慧"之旅，已历经五年，这五年的经历足以回答我们常常被问到的问题：你们为什么开始这场冒险？这样做有什么先决条件？你们是怎么开始的？你们是否遵循先期制订的计划？对公司的赢利能力和增长率有什么影响？你们有过动摇的时刻吗？

正是这些问题促使我们开始了冒险之旅，并引导我们今天的讨论：

* 集体智慧是怎么被释放出来的？
* 如何促成团队的自治，并允许他们因地制宜去做决定？
* 如何让员工畅所欲言，使沟通更流畅？
* 如何把基于服从和恐惧的管理模式变成活力四射的自由和信任？

为了回答这些问题，本书分为三个部分：

第 1 部分：公司背景，是什么促使我们开始进化之旅。

第 2 部分：我们进化之旅中的关键里程碑；我们所实施的进化举措。

第 3 部分：普通员工与老板，谁改变了谁；公司的进化与我本人作为 CEO 的进化之间的联系。

我写这本书的目的是让人们看到，企业完全可以用一种不同的方式来运营。这些重要的价值观：真实、一致、个人发展、心灵发展、尊重彼此、尊重自然，以及柔韧的重要性，构成了我故事的核心，这些价值观也值得在企业中占据更重要的地位，它们在让·斯多《通向未来的钥匙》[①] 一书中被称作"文化创作者"。

当然我很愿意对我的同行们——企业主和经理人们讲几句。也许我能鼓励他们、召唤他们也开始进化之旅，因为作为企业的领导者，我们对于新的组织形式的出现有极大的影响力，公司进化与否，取决于我们这些企业家们。我们既有自由也有责任。

---

[①] 让·斯多（Jean Staune），《通向未来的钥匙》（*Les Clés du future：Réinventer ensemble la société，l'éconmie et la science*），Fayard 出版社，2018。

# 鸣　谢

本书是一则有关集体冒险的故事。我要感谢所有 GT 运输的团队成员，是他们激发我写下了这些文字。还要特别感谢那些允许我将他们的名字写入故事中的人，尤其是那些为写作做出贡献的人：Brigitte Dubos，Carole Pernette，David Bordessoules，Papa Mbengue，Richard Treny，和 Yannick Ménage。

感谢克里斯托夫·勒·布汗（Christophe Le Buhan）的资助，以及为我们这次旅程提供的支持。

感谢贝特朗·巴拉兰（Bertrand Ballarin）同意为本书写下如此有深度的序言。

弗雷德里克·莱卢（Frédéric Laloux）在新兴组织方面的工作以及他的人生选择都给我带来了真正的激励。

我的兄弟埃里克和菲利浦的鼓励、团结和喜爱之情让我们同甘共苦很多年。

我的妻子贝碧昂缇丝（Béatrice）积极参与了本书的写作，她是我多年的生活伴侣，教会了我在日常生活中感受爱的力量。

我们的孩子以及他们的伴侣都是这次冒险的热情支持者。

最后但并非最不重要的,感谢多米尼克·吉尔伯特(Dominique Gibert)和克莱尔·戈蒂埃(Claire Gautier)邀请我开始写作,感谢他们非常有价值的支持,他们是我写下这本书的原因。

# 第1部分

## 公司背景及进化转型的动机

# 1
# 为什么集体智慧值得大力开发?

## 2014年2月:共享身份,凝聚团队

2014年2月的一个周六,在法国巴黎奥利机场附近的一家酒店。早上8点,大雾,感觉有些冷,空气中夹杂着淡淡的煤油味儿。120多名GT运输的成员,开心地聚在一起参加为期一天的工作坊。

几个月前,也就是2013年,高管团队和我意识到,是时候来探索我们公司的身份了。我们问了自己三个问题:

* 我们的使命是什么?
* 我们共同的价值观是什么?
* 我们如何表达驱动我们前行的愿景?

如果回到几年前,很可能是高管团队关起门自己来做这件事情,但2011年发生的一些事情——后文会提到,深深地烙在了公司的发展轨迹上,这些事让我们意识到自己应该打开

门，邀请更多的群体参与。我们想要经验集体智慧的力量！想想我们所面对的挑战，如果不依靠集体智慧，我们肯定会铸成大错。于是，在 2014 年 2 月那个寒冷的周六，我们邀请了所有有意愿参与的员工一起参加讨论。

受一些现实情况的约束——如需要维持正常的业务运行以及出差在外等，1300 名员工中的 120 人参加了这次会议。我们确保公司所有的地区、所有的岗位都有代表参加。最终统计发现，超过三分之二的与会者是司机、技工或者办公室工作人员。

## "我意识到跟很多人一起工作是多么困难"

雅尼克（Yannick）

2011 年年底加入 GT 运输的吊车司机

我是通过站点的经理听说了公司 GTE "共同成长"[①] 项目的。我马上就喜欢上了这件事。毕竟，在运输行业，我从未听说过有邀请司机参与，并向所有员工开放的互动形式。2012 年 11 月的启动会议点燃了我的激情，会议结束时，我对我的经理说："如果你需要志愿者，算我一个。"接下来，我参与了公司关于选定制服的讨论。

---

① GTE: "共同成长"，GT 运输发布的内部变革流程。

## 第 1 部分　公司背景及进化转型的动机

> 在那个过程中，我意识到跟很多人一起工作是多么困难，但同时我的感觉棒极了。"奥利 2014"，也就是 2014 年 2 月我们在奥利机场举办的那个研讨会，给了我很多激励。我们从此更强大了！在那次研讨会之前，我和一些同事在公司的内网上也有过一些交流，但那天是我们第一次真的相遇，彼此身心看见。我们都很享受那天的氛围，但最重要的是，我们清楚地看到了公司的变化。

那一天的氛围就像是过节，会议室的布置一点都不像是开会，参与者围着圆桌而坐，就像是在开酒席。然后工作开始了：每桌都有一位"客人"，这位"客人"将讨论的内容输入电脑，这就意味着每个组的讨论都得到了及时的处理，各组的讨论内容都以关键词的形式投影出来，汇总形成一面"词汇墙"，如果哪个词出现的频次多，它的尺寸就大。一整天，我们在大组、小组的交替讨论中进行着。

每个人都全身心地投入讨论中，热情高涨。在其中一个关于建立公司的战略价值的环节，"创新"被提及的频次远远高于其他名词。这是那一天的高潮，因为就在几个月前的高管会议上，我们已决定在创新上投入更多的精力和资源。集体智慧证实了我们当时的决定是适时的。那天傍晚时分，我们已经发掘了很多用以描绘我们的企业使命、价值观和抱负的素材。

接下来的一段日子里，我们再一次把不同地区的人召集在一起，对上次大量的信息进行梳理，汇总成精准且易于理解的表述。这些工作很有价值，同时也很紧张而且困难。我们把会议的产出结果向家族股东和高管团队做了汇报，他们很认同。我们也在随后的几个月里跟所有的员工进行了沟通。

2014年2月的那天究竟发生了什么？我们感受到了无以言表的活力和能量，从那一天开始，我们踏上了公司进化变革的冒险旅程。

最重要的是，我们体验到了集体智慧的威力，我们所采用的流程非常有新意且符合自身的实际情况，使得我们可以发挥一加一大于二的智慧。这样的流程在结束的时候经常会激发出团队非凡的能量和即刻的行动。

换句话说，这是第一次我们有意识地来倾听弗雷德里克·莱卢所描述的公司的"进化宗旨"，我们体验到了：

> 当一个愿景由在场的所有人生发出来时，往往会产生一些奇妙的结果。人们会在个人与情感的层面和这个涌现出来的未来图景发生联结。

基于那天我们所体验到的，集体智慧表现为：

* 放弃"需要公司管理层拟订、定义、指导工作"这样的

## 第 1 部分　公司背景及进化转型的动机

想法。尽管那天我们为研讨会的引导和进行节奏做了充分准备，但我们开放地去接受了在进程中所有的发生。
* 明确提出用以成功共事所遵循的"游戏规则"。关于这一点，主持人在当天早上第一时间就明确地提出来了。会议引导的方式很符合所设定的目标，并符合 GT 运输的工作方式。参会者都是志愿加入的，他们愿意遵循规则，对要参与的研讨会跃跃欲试。
* 尽早地表明召集会议的初心和可能遇到的挑战。

下面是那天我在研讨会开始的时候，做引言介绍时所说的：

> "今天我们仿佛是在施工现场，我们先打地基，创建 GT 运输未来的地基。我们想要在怎样的公司工作？我们会为怎样的公司而感到自豪？今天，是我们自己来决定什么让 GT 运输独一无二；是我们自己来定义公司的发展基于怎样的人文价值观、怎样的战略。最后，是我们自己来描绘驱动我们前行并把我们凝聚在一起的宏伟蓝图。在组织大规模变革的过程中，我们已经到了需要回答这些问题的时刻。"

我们聚在一起，通过定义公司的使命、价值观和抱负来清晰地表达公司的身份，以助其成长。我们一开始就约定好了共事的游戏规则。从那一刻起，所有的一切都是开放的。

真实的对话，富有成效的讨论，会议的产出与大家的参与程度成正比。当我们见证了那一刻的威力时，我们问了自己几个问题：为什么我们不能更经常地这样工作？为什么我们很难把这种方式运用到日常工作中？实际上，我们能够看到，我们平常对分享想法和建议做得多么不够，我们也看到，就算分享了，结果也往往满足不了参与者的期望。我们感觉到了大家的智慧和能量在某种程度上被滥用或被浪费了。甚至说，我们剥夺了组织真正的效率来源。

## 企业的运营离不开集体智慧

> 传统的金字塔架构对太少的人要求太多，而对其他人则期待不足。

加里·哈默尔（Gary Hamel）的这个概括很精辟。我个人也是在经历了一系列的痛苦事件之后，才终于明白我对公司的理解已经和现实情况脱节。直到我们好几个总监和高管的身体健康都出现了状况，我才深刻体会到这种体系的局限性，并认识到我对世界的看法是建立在这个局限的体系之上的。毋庸多言，这样的觉醒和变革是极端艰辛的。

现今的大多数组织，还都有很长的路要走。众人熟知的"老板原则"还在组织中流行：

* 原则 1　老板是对的
* 原则 2　老板永远是对的
* 原则 3　如果下级是对的，参照原则 1 和原则 2

　……

这些生硬的原则让人忍俊不禁。不幸的是，它们普遍存在于当今的工作环境中，现状让人非常担忧。这个现实是基于这样一种信念而存在的，即拥有信息和独占信息就意味着权力。但这种管理信念的结果就是导致员工丧失积极性，带来挫折感。员工最终无奈地接受：别无出路，这是唯一的工作方式。这对企业和员工个人来说都是伤害。

在 GT 运输，我们的货运司机每天都直接接触客户，以及客户的客户，他们和来自其他企业的同行司机们交流。如此经常地，很遗憾，太经常地，我会听到来自其他企业客户的令我很不舒服的观点和言论："司机的工作不过就是打打方向盘"，甚至于"思考就代表着不服从"。

然而，也有一些美好的时刻。比如，当一名经理以自己的谦逊解决了一个貌似不可能解决的难题；当他们终于认识到自己曾经坚信绝对正确的观点和态度其实是不正确的。当我们重新审视问题的时候，集体智慧之门就会开启。布丽奇特（Brigitte）主持的会议上就出现了这种情况。当时她正在主持一个关于事故预防的会议，当听完了与会者最初的圆桌讨论之后，她决定放弃她事先和她的团队一起拟订的会议议程，改为听取在场的一线员工的想法。对管理者而言，至关重要的是如何在各个层面上鼓励这种做法，而且同时慢慢减少企业中"小领导"的存在。

各部门之间合作不畅已经成为妨碍企业进步的阻力。在当今复杂和难以预期的现状下，CEO们已经没有别的选择——他们不能仅靠一己之力或者少数高管的协助来管理一切。企业中的管理者切不可以通晓万事的"专家"自居，因为没有任何一个个体能够掌握所有知识、了解企业的所有情况。现如今，只有把每个个体掌握的技能和知识结合起来，公司所需要的技能和知识才能得到充实和丰富——这已成为一个互惠的过程，而不再是一个单向的等级制度。

第1部分　公司背景及进化转型的动机

# 展现群体智慧的基本要素

## 分享正面感受与负面感受

很多作者都曾经讨论过这个话题。对我而言，我花了多年时间才意识到，在公司运营过程中集体智慧的发挥能够成为效率的来源。毫无疑问，这个发现极大地丰富了我的管理经验。克里斯托弗·乐·比安（Christophe Le Buhan）和雅克·桑帝尼（Jacques Santini）是我在这方面的引路人，他们帮助公司董事和高层管理团队释放和变革他们的公司[1]。下面的内容在很大程度上归功于他们开发的"托斯卡纳陪伴"教学法，这些可以参看他们所写的书《领导力的人性基本原则》[2]。

让我们来想象一下下面的画面。一个人的特征是：

——他的头脑：负责智力、毅力、决策；

——他的情感：感受、关系；

——他内在的自己：生命力、安全、持有的价值观。

---

[1] 托斯卡纳陪伴（Toscane Accompagnement）：http://toscaneaccompagnement.com。

[2] 克里斯托弗·乐·比安（Christophe Le Buhan），雅克·桑帝尼（Jacques Santini），《领导力的人性基本原则》（*Les Fondements humains du leadership*），托斯卡纳，2014。

在托斯卡纳和 EVH 社群①中我们使用的词语是"头"、"心"和"肝胆"（内在的）②。

没必要强调"头脑"在一个公司中所发挥的作用，而且，它通常发挥了过度的、有时甚至是专制的作用。标准的管理词汇往往只反映了大脑优先考虑的事情——量化的目标、规划、组织结构。这些概念对于公司的良好运作是完全必要的，但是，往往只反映了部分现实。

因此，对于身为 CEO 的我以及其他人而言，向集体智慧开放的第一步是要接受另外两个权威——"心灵"和"内在"的存在。是的，我必须接受我的情感也是真实信息的有效来源。我还必须接受，与我交谈的人可以抛开企业里的各种约定俗成的表达，说说他们的真实感受。有趣的是，集体智慧始于深度的个体之旅，这段旅程首先从我们的内在开始。

我个人在这方面走了一段很长的路。当我初出茅庐的时候，我对"老板"这个角色的理解只是它美丽的一面"勇敢、做决定、把握时局"。如果那个时候我有个座右铭，估计会是"从不抱怨，从不解释"。那时候，直面自己的感受，甚至还要在公司内部分享自己的感受，是不可想象的事情。幸好通过培

---

① EVH 是一个由企业高管们组成的社群，群员们定期聚会，由专业的引导师邀请人来作见证，演讲，共同探讨话题。——译者注

② 常见的说法还有"脑、心、腹"，一般分别指思维、心灵、勇气及内在的直觉。——译者注

第 1 部分　公司背景及进化转型的动机

训——特别是在"青年领袖中心"的培训、彼此交流和阅读，我逐渐认识到，直面自己的感受可以帮助我更好地理解和面对各种情形。这只是我成长旅程的开始。如今，当我与他人交谈时，我经常会感知到，我可以在多大程度上帮助他联结到自己的感受和价值观；反之亦然，与我谈话的这个人也可以通过积极聆听以及分享他的感受来帮助我去联结我的内在。如此一来，通常我们双方都会被激发，并且对现状的理解也会更清晰。

在向子公司管理者提议进行变革的会议上，我们通常会出人意料地经历类似的情形：花时间讨论我们如此行动的原因以及价值观，能够让事情进展得更顺利，并且后续工作能够更加高效和快速。当我们的内在清晰了，会增进我们对于形式的了解，并有助于新的解决方案涌现出来。

在公司里，极具诱惑力的一件事就是尽量让事情立即生效，尽快开始建立各种组织架构、流程、"谁该干什么"、预算、行动计划（总之，是那些"正事"！）。然而，允许参与者花时间表达他们的积极感受，可以帮助他们恢复能量并建立自信。同样地，花时间接纳消极的感受、压力、不信任以及恐惧，也可以避免让这些情绪在每个人心里扎根。

我记得在一次讨论工资调整流程的会议上，其中一个人因对某方面有不同意见而阻止实施该流程。会议期间，大家允许他充分表达自己的感受以及反对的原因。第二天，他写了一封邮件告诉我们，因为感受到被聆听和被尊重，这使他能够静下心来全面地考虑这个流程，现在他可以"毫不费力"地同意大多数人的意见。

用这种方式分享感受，只要是带着尊重、真诚和善意，参与者之间的同盟关系就会得到加强。这种方式能够帮助我们更好地理解所做事情的意义，理解其战略和人文的价值，还可以指导和支持我们平常的行动，也能带给我们采取行动的能量。一旦做到了这一步，共创的时机就成熟了，并且能够在稳固的基础上让集体智慧开花结果。

**带着谦逊之心倾听**

"深度"倾听是集体智慧的另一个基本要素。"深度"倾听意味着必须"放低姿态"，"放低姿态"包含着谦逊、同理心和对他人的观点持开放态度。我们所有人都有过这样的经历：在会议中总会有那么一个人（这个人通常是老板）自以为"优越"于他人，他们充分运用着这份"优越感"来"压倒"其他人；随着会议的推进，其他与会者的能量逐步下降，直至消耗殆尽；这些"上级"们在会议中尽情地展示他们小我的方方面面：他们上过的大学、他们的经历、他们曾帮助扭转局面的公司、他们的知识、他们从未失手过的点点滴滴，他们不遗余力地展现着诸如此类关于他们自己的"成功"。

## 第1部分　公司背景及进化转型的动机

我从《领导力的人性基本原则》这本书中发现了"放低姿态的惊人威力",得到了醍醐灌顶般的启示:对我有深刻影响的人是那些不再为自己的小我所累之人。我悟到了一种行之有效的方式:

> 如果经理能放低姿态,他就可以借助他人的能量和创造力来构建未来。

我们可能会误解"放低姿态"这个词,因为所受的教育可能会让我们将其等同于"贬低自己",甚至跟可有可无或者无足轻重画等号。但其实,根据我的经验,"放低姿态"实际上是在整合我们的生命,是在互补大家的优势和劣势,这样的整合和互补会带来累累硕果。因此:

> 逐渐地意识到人性的脆弱并接受人的脆弱,这需要潜入人性的深处,并把它当作礼物送给身边的人。

我们多次验证了这样的事实:当我们之中的一员,可以把他的专业能力、精诚敬业放到一边,让我们看到他脆弱的一面,换句话说,当他有能力表露出自己脆弱的一面时,我们彼此间的联结、同盟感就会得到加强。我们可以取得远超想象的结果。

"谦逊,以倾听他人、尊重他人、共同前进",这句话源自被我们多次提到的2014年2月的那一天，它充分证明了集体智慧的巨大能量。作为公司董事长，我是没有勇气独自一人将这样的价值观提议成公司的价值观的。事实上，在我们最后接受这样的陈述之前，高层管理团队内部的确曾发生过争论。但是，就在2014年2月的那一天，120名来自公司各个地区、各个职能部门的同人支持了这一提议，正是得益于他们的支持，我们才迈出了这一大步。今天，当我代表GT运输来介绍它的价值观，包括谦逊时，我只是一个代言人，我只是在为一个践行这些价值观的工作群体代言。

# 2
# 一家普通平常的企业，但又不仅如此……

## 所处的行业，和经营的方式

我们是一家"自带司机的工业货车租赁公司"，业务范围包括为客户提供货车司机和车辆。我们为客户提供可以长期雇佣的司机和货车，并与客户签订一年或多年的长期合同。我们的客户大多为大公司，有很多已经合作多年。比如，从1946年公司初创时我们就开始和一些石油公司合作，继而自60年代开始又与其下属的天然气公司合作。我们也从事危险品运输，这也是为什么我们打造了安全生产的企业文化，并严格地管理我们的生产运营。

1974年1月，我哥哥埃里克（Éric）开始在公司任职。在那之前不久，即1973年10月，所发生的第四次中东战争（又称赎罪日战争、斋月战争、十月战争）标志着石油行业"辉煌三十年"和廉价石油时代的终结。由于当时公司的主要客户都是石油企业，我们也不可避免地受到了非常严重的冲击。作为当时的业务总监和CEO，埃里克的工作重心就是开拓新市场。

在法国，公路货运行业非常庞大，市场上不但有大量的法国本土企业，还有国际企业。竞争如此激烈，以至于那些挂着法国国旗提供国际运输业务的法国企业几乎都销声匿迹了。鉴于法国在欧洲所处的地理位置使它成为运输中枢，人们总能看到有大量国外注册的货车奔驰在法国的主要干道上。

为了能在如此激烈的竞争环境下生存和发展，我们把企业定位于某些特定的市场上。目前，我们的业务涵盖了建筑材料和预搅拌混凝土运输、食品配送、轮胎运输和家禽运输。这些产品的运输具有一些共同点，都对运输车辆有特别的要求，比如，卡车需要自带起重机、自带混凝土搅拌机、自带多温冷藏冰箱、自带特制家禽分隔笼，等等。并且，我们的司机也必须兼备特殊的职能，比如，运输建材的司机需要会操作起重机；运输混凝土的司机需要理解施工工地环境；冷藏运输，尤其是在城市环境下，司机需要有很强的人际关系处理技巧和自我控制能力；最后，运输家禽的司机需要有农场背景，并且了解农场作业的所有相关要求。

这一战略定位以及经营长途运输的业务方式塑造了我们的企业。比如，我们从不将GT运输的团队成员叫作"驾驶服务员"（法语原文为"chauffeurs routiers"，字面原义指蒸汽引擎

第 1 部分　公司背景及进化转型的动机

操作员），而叫作"司机"。蒸汽引擎早已退出历史舞台，"驾驶服务员"（"chauffeurs routiers"）听起来过于陈腐，不符合我们的定位。

GT 运输的员工的另一个特质，就是他们会被永久地借调到我们客户的工作场所中工作。他们每天都在客户的工作现场上班，他们也是我们和客户之间几乎唯一的联系纽带。我们要求他们和客户保持亲近良好的关系，并完全参与到客户的组织活动中。从某种意义上来说，他们同时供职于两家公司，他们既是 GT 运输的员工，又是我们客户的特殊岗位的雇员。GT 运输的司机们经常被人误认为是我们客户的员工。

我曾和公司货运司机工会的主要人物雷蒙德·杜佛（Raymond Dufour）先生——也是一名司机——一起工作一天，这是为了让我熟悉公司业务的一项安排。那一天，我紧跟在杜佛的身边，这让我充分理解了我们公司和客户以及和司机之间的关系是多么紧密。作为 GT 运输的员工，杜佛在 BP 石油的现场工作了 25 年，他一直穿着 BP 石油的制服，戴着 BP 石油的棒球帽，开着 BP 石油色调的货车。他还认识他所在区域的 BP 石油服务站所有的经理，并能叫出他们的姓名。

这种业务环境帮助我们开辟了一种非同寻常的企业管理文化和行事方式，培养了 GT 运输员工的企业归属感和对客户的精诚奉献精神。

除了基于个人业绩表现的工资体系、对信息和内部沟通的高度重视之外，GT运输还有两项创新实践值得一提：一是"员工持股计划"，二是"个性化的培训学校"。

## 员工持股计划

如果世界上有一位政治家是你不指望在谈论企业家的书籍中看到的，那就只有戴高乐（De Gaulle）将军了。但是，在1948年斯特拉斯堡的演讲中，他阐述了"联盟"即参与（l'association）的意义，联盟的目的是调和资本主义和社会主义之间的对立：

> 这既不是陈旧的自由主义，也不是强压的共产主义。这是完全不同的。这到底是什么呢？嗯，是简洁、有尊严的，实用的"同盟"。这个非常法国式的想法可以追溯到很久以前，在我们的经济史上曾经发挥过价值。

对戴高乐将军来说，法国的战后重建完全依赖于"联盟"。1958年重返政治舞台后，他于1959年1月7日通过了新法令，"鼓励企业内部员工的财务参与或利润共享"，也就是员工资本参与制。这项提议的理念是为了促进员工的主人翁精神，但不

## 第1部分 公司背景及进化转型的动机

幸的是,因为该法令不具强制性,企业主可以自主选择是否采用,所以该法令推广得并不成功。只有少数先锋企业朝着这个方向迈出了一大步。

鉴于1959年法令的失败,1967年的法令强制要求规模在100人以上的企业实行"员工利润共享制"(在1990年又对员工数量的要求下调至50人),而且允许将利润共享基金重新投资到企业股份中。在强压之下,尽管这一理念被企业所引进,但在一些企业高管的管理实践中却经常误用,被当作近似于"社会税"来理解。

直到1986年,新的法令调整并简化了以前的条款,利润共享和公司储蓄计划(法语称 PEE——Plans d'Epargne d'Entreprise)才取得成功,并走向辉煌。

在GT运输,我们于1987年开始与员工签订利润共享协议。协议规定,根据公司利润收益情况,每名员工每年都能得到不超过年工资10%的利润共享红利。

1987年我们参加了一场由一家引入了员工共享计划的区域上市公司组织的会议。会议结束的时候,我们提出想和他们的律师聊一聊,因为这些律师帮助他们拟订了员工共享计划,我们也希望从中得到一些建议。在这些律师的帮助下,我们制订了一套相当独特的公司利润共享计划,总的来说这个计划是以投资基金的形式来运行,并由银行来负责管理。GT运输当时提出并一直贯彻至今的 PEE，是以 GT 运输债券的形式发放，所获资金再重新投资到公司运营中。公司每年都会为员工发放其专属的债券。到 1988 年，我们终于能够向员工推出一项新的共享计划，即坦率地告知他们的投资将被直接用于他们的生产工具（即运输机车）的投资，投资的回报率是在法国储蓄银行（Caisse d'Épargne）回报率的基础上提高 0.5%。

60% 以上的员工对该计划反响积极，而且，由于 GT 运输从 1992 年至 2007 年的资本扩张主要来自自筹资金，所以员工是公司唯一的债主。

公司继续执行这个方案，接下来我们考虑将其他有意愿成为公司股东的 GT 运输员工也纳入该计划。作为我们的企业文化，家族股东一直对员工持股持积极态度。所以，1991 年，公司又给所有在三年前选择投资 PEE 的员工分配了股票期权。

股票期权这一金融工具允许员工——通常为董事和中层管理者，参与到公司的增值进程中。但由于股票期权其实只提供给某些董事们（虽然数量很少）同时条件过于优惠，再加上法国人不习惯接受其他人获得财富，这一金融工具经常受到非议。所以，我们采取了比较独特的股票期权计划，即不仅向董事和中层管理人员提供股票期权，同时也向所有员工提供，只要他对公司有信心并愿意将其一部分存款投资到公司，而这些人大部分都是司机。

## 第1部分 公司背景及进化转型的动机

该计划的原则很简单。在该计划下,期权被分配给了某人,当期权到期时,这个人就可以以预先约定好的价格购买或认购一定数量的股票。如果股价在期权设定日与股票购买日之间上涨了,那么购买者将获益。当期权到期时,投资者可以自由选择买入其股票份额或者选择放弃。

根据当时的规定,期权的价格允许比分配期权时点的股票实际价格低10%。期权持有者确信他们将能收获很好的回报,后来的事实也证明他们的判断是正确的,因为从1991年到1993年期间GT运输的股价上涨了很多。1993年6月,我们举行了第一次大会,许多GT运输的成员出席了会议,他们不远千里,为此而来。那是我职业生涯中最杰出的时刻之一。

如今,50%以上的员工投资者都是我们的股东。也就是说每两个员工之中至少有一个决定将其财产投资到我们公司。在很长一段时间内甚至有超过60%的员工投资,只不过,近几年员工人数的增加将此比例拉低了。要知道,只有在公司工作满6个月以上的员工才有资格投资、成为公司股东,而且我们只在每年4月份才做投资计划的宣讲,这些因素都影响了员工投资的比例。

历经20多年,员工共享股权计划给我们提供了一个对GT运输团队进行经济学教育的机会。该教育,既具体又非常直观:当公司赢利时,股价就会上涨。事实上,就如法规允许的

23

那样，每年的股价都是根据股东的权益来设定的。这无疑能帮助我们清晰地了解GT运输员工在涉及影响公司的经济问题时的真实的成熟度，从而使员工对企业的归属感被强化。所以，在谈论公司的时候，我们并不是在谈论雇佣我们的企业，而是在谈论我们拥有股权的公司。

我们时常能从一些客户嘴里听到，他们是多么羡慕我们的员工可以作为企业的股东。同样，我们的银行经理们也很喜欢客户的员工与他们一起来分担客户的财务风险。

## 个性化的培训学校

在很长的一段时间内，很多企业都建立了自己的培训学校，给年轻人提供其专业领域的培训，比如施耐德、标致和米其林等。

在一次公司会议上，一名来自阿基坦（Aquitaine）地区的职业培训经理提议，我们这样的企业应该拥有自己的培训学校，不应仅仅是一家培训中心，而应该是能发放国家认证的职业资格证书的那种学校。这个出人意料的提案引起了我们的思考，因为它正契合我们公司历来重视的一个层面。

一直以来GT运输都把司机培训摆在非常重要的位置。1965年，公司组建了内部培训部门，负责司机招聘、整合，以

## 第 1 部分 公司背景及进化转型的动机

及持续培训。当时,对于一家雇员不足 200 人的公路运输公司来说,这一举措是非常有前瞻性的。

在那名培训经理提出了设立我们自己的培训学校的建议之后,我们与国家成人职业技术培训协会(National Adult Vocational Training Association,简称 AFPA)的区域总监取得了联系,并获知 AFPA 的职能是协助企业开发内部培训项目。当时 GT 运输的员工对这一项目非常有热情,因为这是一个向年轻人展示我们是如何开展工作的大好机会,大家都能得以参与到这个项目中。于是我们决定开设学校,给有意愿成为卡车司机的年轻人提供培训。后来,这一举措也极具说服力地向世人证明培训司机是我们的战略核心。

为了达到这个目的,一个教学模型深深地吸引了我们,该模型结合了理论学习、实践体验以及同伴互学教学法。

我们的"新手司机"培训课程需要两年来完成。由于这些"新手司机"来自法国各地,所以我们需要为他们在校期间提供住宿。于是,我们在位于波尔多附近的巴森(Bassens)为学校建造了食宿设施,并在那里开展理论部分,包括重型机车驾驶执照在内的培训。实操分为三部分,在 6 个月内完成,其间,新手司机们会参照"法国职人协会"(Compagnons du Devoir Association)的运作模式,在三个地区工作实践。

公司与这些"新手司机"签订"资质合同",也叫作"职业化合同"①。通过签订这种合同,当新手司机上岗工作以后,他会拿到法国最低工资 SMIC 总额的一定比例,其差额用于偿还培训费用,且该工资在合同期间内会有浮动调整。同时,政府提供的一些用于推动这种类型培训的补助也帮助实现了经济收支平衡。

由 12 人组成的第一批新手司机于 1988 年 6 月入校。随后,按照一年四批的规模,共有超过 1600 名新手司机在我们的学校学习专业货车驾驶技术并找到工作。当然,这其间不乏困难的时刻,因为我们不仅重视对学员的业务操作方面的教育,同时对于如何培养学员的职场交际能力也有相当高的要求。长期以来,我们的培训学校令 GT 运输的员工——其中大多数都毕业于此,深感自豪。

除此之外,由于当时不仅是在法国,乃至整个欧洲都面临着货车司机的结构性资源短缺,我们的这所学校就成了非常重要的公司战略资源。如今,我们每年培训 120 名新手司机,其中绝大多数都被录用为 GT 运输的员工。目前,公司位于巴黎地区的第二所培训学校正在筹划中。培训学校能够为公司发展培养所必需的货车司机,这是一个非常大的成就。

---

① 指结合了工作和半日制教育学习的雇佣合同。——译者注

## 第 1 部分　公司背景及进化转型的动机

# 是什么塑造了我们的企业灵魂

阿兰·埃切戈扬在其著作《企业有灵魂吗?》中,对是什么定义了企业身份的问题进行了探讨。

> 乍一听,企业灵魂这个词也许有些奇怪。所以我觉得与其纠结于理论上的定义,倒不如从实践意义上来理解这一说法,我认为有必要来探讨一下在实际运作中是什么让企业具有独特性。[①]

他对一些由人类学家、社会学家和哲学家组成的多学科团队的组织的内部运作进行了研究。例如,在米其林,他揭示了"企业灵魂和员工招聘"之间极其强大的纽带联系。他也展示了在招聘过程中原则与实践之间的统一性。

当回想起 GT 运输的历史的时候,我对"企业灵魂"的感觉跟阿兰·埃切戈扬的分析一样,GT 运输的企业灵魂包括如下几个方面:

* 与客户之间强大且密切的长期合作关系。
* 对员工身心健康和自我成长的重视。

---

① 阿兰·埃切戈扬(Alain Etchegoyen),《企业有灵魂吗?》(*Les Entreprises ont-elles une âme?*),François Bourin 出版社,1994.

✳ 与时俱进地积极面对环境改变、接受新鲜事物。

第二条听起来像是源自家长作风，但与19世纪时员工的工作被紧紧地局限于某一职业领域的情况截然不同，如今的员工可以有更多的选择，更换工作也容易得多。我相信就像弗雷德里克·莱卢描述的那样，从某种意义上来说，企业对员工身心健康和自我成长的重视，是新的管理模式涌现的标志。

下边这封信也许能勾画出是什么塑造了GT运输的企业灵魂。这封信是一名出生于塞内加尔的员工写给他的经理的，当时这位经理在塞内加尔总统列奥波尔德·桑戈（Léopold Senghor）去世时给他写了一封信。这短短的几行字就完美地诠释了GT运输的灵魂所在。

这个故事加深了我们对公司发展方向的理解，从某种意义上来说，它也帮助我们更好地看清这个故事和公司现在试行的其他举措之间的一贯性和关联性。不过，走到今天这一步的路途并不平坦，其间经历了不少波折。

## 第 1 部分　公司背景及进化转型的动机

> "我希望您能明白作为 GT 运输大家庭的一员，
> 我感到有多么光荣。"

司机，帕帕·M（Papa M）

阿迪斯蒙斯　2002 年 1 月

**经理先生，**

您好！

我真诚地感谢您在我们总统去世的时候发来的非常体贴的信和对塞内加尔的祝福，这一切都令我非常感动。

从您的来信，我能看出您对一切直接或间接影响到 GT 运输大家庭成员的因素的体察和重视。我希望您能明白作为 GT 运输大家庭的一员，我感到多么光荣。我将永远尽我最大所能为公司的发展贡献力量。我希望 2002 年对所有人来说都是充满和平、健康、快乐和繁荣的一年。谨以个人名义，祝愿您和家人在新的一年幸福安康、万事如意。

# 3
# 公司近期历史

## 背景：2009，一切顺利！2010，纷繁复杂

2006年和2007年，我们获得了较高的利润并且发展良好。公司的运营就像顺风航行的帆船，保持着很好的平衡一路向前。在经历多年平稳经营之后，大幅增长的利润让公司上下大为欢喜，尤其是对于我们高层管理团队。

2008年，法国的陆运市场非常活跃，在这种势头之下我们受益颇多。司机严重短缺，而我们雇佣和培训司机的能力又一次被证实是一项战略资产。2002年至2006年间，我们的年度投资总额在1000万—1200万欧元之间，2008年则达到了2000万欧元。

之前提到过，GT运输在1992年至2006年间是通过自筹资金发展的，没有银行贷款。2007年，我们开始使用银行贷款，这让我们的银行经理很开心。并且，为了满足后续大量的投资需求，我们计划2008年9月份再借入500万欧元！但当9月来

第 1 部分　公司背景及进化转型的动机

临时,银行方面却保持沉默,说得具体点,当时的国际形势使得银行给不出一个肯定的答复。有几周的时间,金融界经历了一段非同寻常的时期。尽管我们的负债与股东权益比率低于10%,并且我们需要借入的资金只是年度投资总额的1/4,但在我的职业生涯中,这是我第一次设想,如果无法找到投资所需资金会是什么样的情境。好在最终,银行拿出了可以提供给我们的资金。

2008 年 10 月,在与管理团队进行的一次研讨会上,我们畅想了未来五年的愿景。这是一个令人兴奋的时刻,我们甄别出公司成功发展的基石:公司的常青归功于家族股权结构、强有力的销售团队,以及运营子公司的重组。尽管后续几年有些起起伏伏,但事实证明这些基础是非常牢固的。

然而,2009 年年初我们很快认识到,这一年将不会像我们几个月前所设想的那样。世界正在从 2008 年的金融危机走向 2009 年的经济危机。没有哪个行业或国家能够逃过这一劫。我们的客户一个接一个地要求对我们所提供的资源进行调整和减少所需的车辆。我们既努力满足客户对灵活性的要求,同时又尽量降低对员工的影响。运营团队与 GT 运输的司机们保持紧密联系,不断做出实时调整。2009 年,在总数大约 1100 人的员工队伍中,"只有" 12 个人令人遗憾地被裁员。

那一年我们的营业额下降了 2%,但利润率和利润额却依旧很好,这在当时的经济背景下是很不容易的。

成功也有负面影响:我们自认为是非常棒的经理人,并且认为可以在危机中独善其身。2009年,各行各业很多公司都经历了非常困难的一年,但我们似乎轻松地渡过了难关。显然是我们过于自信了。良好的财务状况蒙蔽了我们,我们错把当务之急放在提高业务增长上,投入了大量精力进行市场营销。我们并没有意识到危机正在挤压客户的利润,客户会随之在价格和运营条件上对我们施加压力。果然,链条效应对我们利润空间的影响很快就显现了。我们的司机团队以及经理们开始感受到压力的阴云悄悄地向自己袭来。但在这样一个错综复杂的环境下,高管团队仍把关注点都放在业务增长上,并没有感知到子公司经理们所处的困境。我们没有捕捉到公司正在被削弱的微弱信号。而我也在这一年把大量时间用在处理家族股权结构上,没有留意到高管团队中的一位成员文森特(Vincent)正在与疾病做斗争。

## 文森特

公司是由一群男男女女共同组成的社群,他们彼此分享的远远不止工作本身。当其中的一个成员受到疾病的影响时,彼此间的同甘苦、共患难就会以某种形式显现出来,即使平常不那么明显。同事们簇拥在正经历病痛打击的患者家庭周围。作

## 第 1 部分 公司背景及进化转型的动机

为总经理,我已经有过三次失去亲密队友的经历;其中有一次非常突然、出乎意料,另外两次是在长期的疾病之后。每一次经历都让我意识到,在这种时刻,同事间的关心和友善是多么重要。这些经历也让我领悟到,老板既是拥有权力的人,同时也代表整个公司,有责任保障"善意关怀"在组织里的流动。遗憾的是,先前没有哪所学校教过我们这些。

我记得是在 2009 年 10 月的某天晚上,技术总监文森特给我打来电话,我们一起工作有二十几年了。文森特刚刚被诊断出恶性肿瘤,虽然在这之前他已经被消化系统的毛病折磨了几个月,人瘦了很多,但医生们却查不出问题到底出在哪里。直到最近的这次检查才发现了这种难以查出的肿瘤。几天后他接受了手术,结果比想象的更糟。文森特开始了一场和疾病的长期斗争。每当感到身体稍微好一点儿的时候,他就会回到公司,把手中的要事竭力推进一些,同时借此把自己沉浸在深爱的工作氛围中。他的勇气打动了我们每一个人,大家都竭力帮助他,为他的工作创造便利。文森特经历了一次又一次的治疗。

最终,被疾病折磨得精疲力竭的文森特深感力不从心,于是请求他的同事帕特里斯(Patrice)在兼顾本职工作的同时,帮助他带领团队,这样至少可以最大限度地保障团队成员之间的协调。

尽管每个人都有非常好的意愿，但部门的效率还是受到了严重的影响。在陆运行业，技术部门对于公司日常的平稳运营扮演着重要角色，因为他们负责车辆维护，从而密切地影响着公司的整体运作。并且，在进行投资决策时，技术部门也在界定车辆技术规范方面发挥着关键作用。

我很担心，首先是担心文森特的健康，同时也担心公司的情况，因为我感受到整个系统的脆弱。

每个人都尽了最大努力，但失误在不断增加，彼此之间的张力也在加剧。这个缺少了文森特的技能、经验和敬业的系统越来越糟糕，但只要有一线希望，文森特能够健康回归，我们就会苦撑下去。不幸的消息还是来了。2011年3月的一天，文森特的妻子告诉我，没有办法了。我被他们两口子的勇气深深打动了。面对这样的疾病，患者承受着身心痛苦，整个家庭也经历着艰难的考验。

## 2011：测试年

我们开始把2011年称为"黑色之年"。英国女王可能会说是"多灾之年"。这是那种在你的职业生涯中并不想经常经历的一段时间。2011年发生了各种不同程度的严重事件。这一切叠加在一起，给高管团队带来了巨大压力。

## 第 1 部分　公司背景及进化转型的动机

我们子公司的一名经理由于长期在高要求的环境中工作，变得疲惫不堪，最后选择离开了公司。自此开始公司发生了一系列的事情。几周后，他的同级中有一位心脏病发作。无疑是巨大的压力导致了他的健康问题，他变得非常虚弱。

2011年1月，2010年四季度的结果发布：业绩非常不理想，这个结果是我们没有想到的。这就像冷水浴一样，一下子激醒了我们，让我们意识到了2009年经济危机下业务发展的残酷现实。现在，我们也中招了。

2月份，我们的一个物流客户申请破产。这又完全出乎我们的意料。这家公司欠我们300万欧元，并直接导致我们的40人被解雇。这是一次严重的打击。

2011年3月和4月没有发生更多的不良事件，这无疑是在给我们时间解决前几个月出现的问题。或者可能是让我们为接下来的几周做好准备。

5月份，在与疾病进行了痛苦的斗争之后，文森特去世了。和我一起管理家族企业的哥哥埃里克也被查出患上了癌症。

6月底，在我们组织的高管团队工作会议上，财务总监雅克未出席。几个小时后，我们得知他突发脑出血，幸好抢救及时。

8月份，我们子公司的一个电子商务物流客户申请破产，这家公司欠我们100万欧元。

9月份整个月，我们都关注着同一家子公司的另外一个客户。事实证明我们的担忧是有道理的，因为这个客户10月份也停止营业了。这家公司欠我们近100万欧元。我们也注意到，在电子商务领域，有些公司取得了巨大的成功，而另外一些则悄无声息地消失了……

考虑到埃里克的健康状况，以及这个子公司并非公司重要的战略组成部分，我们决定把它卖掉。应该说，对于物流集团公司来说，收购一家专业做电子商务物流的企业是一个真正的机会。9月份有一家法国公司联系我们，认真而又非常感兴趣地研究了我们的提案。在当时的形势下，这个消息让我们深感庆幸！然而，11月底，该公司通知我，他们放弃收购。那天晚上，我感觉自己仿佛跌入了谷底。

第二天，10月份的经营结果公布，比我们预想的还要糟糕。

### 需要退后一步的时刻

在耐力运动中，当你觉得已经达到了可能的极限时，如果设法坚持下去，就会出现一些惊喜时刻。当我在山区宪兵野战队服兵役的时候，有一天，我参加了一次越野滑雪比赛。那是一次上下坡交替进行的团体赛，其中下坡对我来说很舒适，但上坡对我来说是挑战，显然我是团队中最缺乏训练的队员。最

## 第 1 部分　公司背景及进化转型的动机

后一次上的坡又长又陡,并且这次上坡滑行将决定我们和另一队之间的胜负。站在山坡下,我感到筋疲力尽,毕竟已经来来回回了几个小时,我已经耗完了所有体力。很快,我就落后于队员们,我努力呼吸,感觉自己仿佛要窒息了,而队友们尚有精力来激励我。我不知道自己是如何完成的,但我最终还是与队友一起完成了比赛。

显然,这次比赛是最适合用来描述我们公司 2011 年经历的所有挑战的画面。直到 5 月份,日子很艰难,但我们还挺得住。可是当得知埃里克生病的消息时,我感觉噩梦重来,这个噩梦就是文森特病重的最后几个月,我们无力地目睹他和他的家人在痛苦中挣扎。同时,我们还需要帮助技术部门的员工来履行他们的职责,他们担心和害怕自己做得不够好。是的,我将要再次体验这一切。

在这些时刻,你的头脑中往往会出现很多没有答案的、难以置信的问题。有些关系紧密的同事敢于提出一些看法,而其他很多人则会选择避而不谈。这些问题会让你在半夜醒来,会让你备受折磨,并且会让你常常想到最坏的情境。有几次我到了公司,脑海中突然冒出奇怪的想法——"你最好可别出什么事,否则公司就真有大麻烦了。"并不是说 GT 运输只依赖于一个人,但确实在有些时刻,员工们会将目光投向自己的老板。

2011 年 6 月底,在这些黑暗之日以及雅克的健康也出了问题之后，我觉得需要退后一步了。我想到比利牛斯山去走走。然后，我选择了去自己喜欢的地区，一个两日的路线。我感觉需要做些大运动量的活动，才能让自己的大脑得以休息。我在一个美丽的山谷中徒步，然后穿越了森林、草原和山区牧场，最终到达了最高的山。我按照自己的步调，走得很快。最初，我的脑子里还在想着很多事情，但是体力运动的愉悦以及在山区感受到的静谧，帮助我切换了频道。我停止思考，开始重新感受事物。令我自豪的是，我在非常合适的时间点到达了第一个山口。所发生的一切都那么恰恰好。我开始向下一个山谷行进，然后朝第二个山口爬升。让我满意的是，我保持着自己的步调。当时我的身体很疲惫，但所有的负面想法却都消失了。我已经爬行了1800米，还有1000米需要走下去。

下午晚些时候，我到达了一个小山上的村庄，想要在那里过夜。那里有一家旅社和一座小教堂，很久以来这里都是一个朝圣地。我走进小教堂，在长凳上坐下来，我感到疲惫不堪，但知道了是什么让我疲惫。我放下了过去6个月一直萦绕在脑海中的东西，整个人处于很平和的状态。第二天早晨，我走回了原来的山谷。

### 改变你对现实的看法

现实并没有改变。并且，在接下来的几个月里，更加清晰地证明了这一点。但是我对现实的看法却改变了。在过去的这几个星期、这几个月里，我分析、理解和做决策的能力已经被拉伸到了极限，于是我重新梳理了自己的感受。我和自己重新进行了联结。

能够让我挺过这个难关，而且是非常根本的一点是，和其他人一起交流。首先，我从文森特和他的妻子，当然还有埃里克和他的妻子身上汲取了巨大的勇气。他们处在巨大危机挑战的中央，从某种程度上讲，我只是个陪伴者，尽管在公司里所处的位置使得真正的责任都压在我的肩上。其次，有很多好友、公司团队成员和家人支持我，我很难一一列出他们的名字，但他们确实是支持我前行的支柱力量。

## 2012：反弹？

尽管得到了这些极具价值的支持，但那段时间还是非常具有挑战性。令人惊奇的是，在参加了一场研讨会之后，我的能量得到了恢复。我参加了菲利浦·德赛定（Philippe Dessertine）组织的一场研讨会，主题是关于危机的起源以及由此需要引发的改变。菲利浦是那种非凡的人物，能够让听众非常清晰地理解他所说的话。他组织这次会议的目的，是展示企业家在经济动态中所发挥的重要作用。那个时刻，我非常清晰地理解了自己的工作，知道了作为公司领导者其角色应该服务于某种目的。我深深地意识到了自己是 GT 运输的领导者，也意识到了自己对领导者这个角色的承诺，以及其所包含的意义和价值。

我又去比利牛斯山待了一些日子，读了纳亚尔的书《员工第一，客户第二》①；事实证明，这本书在我后续几个月的变革过程中起着非常有价值的催化剂作用。我还带了一本《敢于信任》②，作者是伯特兰·马丁、文森特·蓝哈德和布鲁诺·雅罗松。

2012 年 1 月初，高管团队成员和托斯卡纳陪伴公司的培训师克里斯托弗·乐·比安（Christophe Le Buhan）一起举办了一次工作坊。工作坊的目标是重新考虑在文森特去世后，我们公司重组的高管团队要如何一起工作。实际上，我们收获的不止是如何共同工作，我们走得更远，反思了作为公司高层，我们行动的意义，以及对我们来说最重要的价值观。我们所经历的这些逆境，使得这种反思变得特别有深度和浓度。

我们认识到现有的某些运营方式已经不再适用，就像一台机器不能再良好运转了一样。尽管我们在工作上投入了无尽的

---

① 维尼特·纳亚尔（Vineet Nayar），《员工第一，客户第二——如何颠覆管理的规则》（*Les Employés d'abord, les clients ensuite*）：Comment renverser les règles du management，Diateino 出版社，2011。

② 布鲁诺·雅罗松（Bruno Jarrosson）、文森特·蓝哈德（Vincent Lenhardt）和伯特兰·马丁（Bertrand Martin），《敢于信任》（*Oser la confiance: Propos sur l'engagement des dirigeants*），INSEP 出版社，1997。

能量，但结果并没有达到我们的承诺。为了在公司里重建信任和热情，以及尽快追赶我们的竞争者，我们需要批判性地看待自己，对员工真正透明。这个观点在《员工第一，客户第二》中得到了很好的印证。这，挑战我们去改变，并促使我们问自己更具创造性的问题。我们能确信的是：我们所能做的最糟糕的事情就是，不做任何改变，继续像以前一样。

在接下来的几周里，我们继续请子公司的经理和销售总监们一起来反思这些事情。我们一起聆听了一家开展组织变革公司的领导者分享他的第一手体验。我们感受到，在公司内部彼此协作的方式开始发生变化。我们意识到，如果我们愿意的话，一个新的发展阶段将会开启，并且这将是由我们自己亲手打造出来的。

2012年3月，我们决定开始一场名为"共同成长"（GTE）的变革。我们确信，我们必须改变，我们必须对公司实施变革。但在那个时候我们并不知道会经历怎样的冒险。

当时我有一种感觉，为了能够让GT运输的团队成员完成这场变革，我们必须从改变自我开始。这可能是真正的挑战。

# 第 2 部分

## 进化之旅中的重要里程碑

# 4
# 释放言论

## 启动会议

如何让 GT 运输的所有成员都参与到公司的变革中来？有些人担忧如何说服我们的老同事，那些"牢骚满腹的公司元老"们。这些老同事非常爱公司，同时又很相悖的是，他们也是最反对管理层想法的人。他们对于"各种运动"了如指掌，他们太经常听到我们讲"明天的工作会更好"，"我们将会更有效率"，"假以时日，我们会把事做好"，"管理层会对建议更加敞开"……这样的话，他们听过太多次了。简而言之，在他们眼中，管理层对于生机勃勃的未来的承诺从没有实现过！

公司所做的一份针对一线经理的民意调查的结果强有力地支持了上面的疑虑。调查的结果非常负面：这些一心一意为公司的人，他们公开承认，繁重的工作令他们感到极度疲劳，他们之间缺乏和谐，他们的使命失去了意义。调查结果让我们听到了求助的呼喊声。

面对这样的现实，我们坚信，为了能够接触到 GT 运输的团队成员，我们必须理智地改变自己的方式方法。放弃演讲式的会议，改为寻找一种崭新的、共同工作的方式。这样的场域能够邀请参与者讲述他们的经历，以及他们想从工作中获得些什么。下面的描述阐明了我们想要的首要改变，虽然遭到了某些经理的怀疑：

"召唤而不是命令，倾听而不是演讲。"[1]

实际上，我们并不知道如何组织启动会议。我们想要远离"听，管理层在对你讲话"这样的方式，我们想要通过改变会议的组织、进行的方式，来改变氛围。众所周知，过去的会议是每个人都坐着，面对讲台，先是总裁、CEO、财务总监、商务总监、技术总监，然后是人事总监，一个接一个地讲话。最后的结果就是与会者重复每个人所说的话，大多数人呈半昏睡的状态。但是这一次，我们要用不同的方式来开会，要用一种听众能够理解的方式来开会。

每个分支机构都会举办启动会议，邀请所有员工参加。依

---

[1] 布鲁诺·雅罗松（Bruno Jarrosson）、文森特·蓝哈德（Vincent Lenhardt）和伯特兰·马丁（Bertrand Martin），《敢于信任》（*Oser la confiance：Propos sur l'engagement des dirigeants*），INSEP 出版社，1997。

## 第 2 部分 进化之旅中的重要里程碑

据每个分支机构的大小,参会人数介于 40~120 人之间。在 2012 年秋到 2013 年春之间,我们一共召开了 9 次启动会议。每次我们都会选择一家酒店,也许谈不上豪华,但能够让我们有个舒适的场地,兼顾工作和社交。摆放几张可坐 6~8 人的圆桌,桌上放着玻璃杯、瓶装水和小零食,还有纸、笔和笔记本电脑。

迎宾用的是热饮和点心。所有与会者都被邀请到会议室,每个人随机选择座位,大家混坐在一起。子公司的总经理开场后,我简要地讲了进化之旅背后的根本原因。然后我们放了一段 FAVI 和 SEW 公司的视频,该视频以员工为主体,详细地展示了该公司的日常是怎样的。接着主持人宣布了上午的会议日程:1)介绍,30 分钟;2)听,整个上午。这向与会者展示了第一个巨大的改变:"老板来听我们说话了!"

这些会议让我感到无比开心!房间里充满了能量!这跟会议的组织方式有很大的关系。会议规则很简单,主持人先邀请每一桌介绍一下他们自己。GT 运输的团队主要由卡车司机组成,非常棒的就是,与会人员很快就热烈、顺畅地交流起来。剩下的时间主要围绕下面五个开放性问题展开:

* 工作中,你喜欢的是什么?
* 工作中,你所面临的主要困难是什么?

* 客户如何看待我们和我们的公司？
* 什么能让你在工作中更快乐？
* 这次会议之后如何跟进？

每个问题都被投影到大屏幕上，主持人邀请每个小组进行讨论、辩论。一位与会者负责将讨论的所有内容输入电脑，不遗漏任何内容，也不尝试去总结。利用10~15分钟的茶歇时间，用电脑程序分析所有的数据。一会儿工夫，整合的结果就出来了，它们来自所有的表格，并被整理成了关键词。关键词用不同大小的字体来显示，以反映每一个词出现的频率。主持人花了些时间来展示结果，然后他邀请与会者提问并发表评论。

这个研讨会有两次讨论：首先在6~8人小组中进行讨论，这样每个人都更容易表达个人的想法；然后将小组合并到由更多人组成的大组里，针对电脑语义处理程序就第一次小组讨论过程中总结出的关键词，再次进行讨论、交流。

每次讨论都硕果累累。

而且，与会者对于这样交换意见感到很满意：他们可以自由地表达自己，还能看到他们所有的表达都被有序地呈现在所有人面前，氛围非常友好。会议之后，是一顿热闹的午餐。

这种启动会议的另外一个好处也需要提一下。因为我们公司的服务是全天候的，所以只能在星期六举行会议。公司员工遍布法国各地，除了花在会议上的时间，有些与会者还要长途旅行，所以，考虑到把员工召集到一起的可操作性，我们决定不是"召集"员工，而是"邀请"他们参加工作会议。

GT运输的团队成员完全自愿决定是否参加。每次开会前，我们都与子公司经理一起站在门口欢迎每一位与会者的到来。我真诚地感谢每个人的到来，感谢他接受邀请。我记不清人们究竟说了多少次这样的话，"哦，是我们应该感谢您邀请我们来谈一谈我们的工作，我们公司的未来"。一半以上的员工选择放弃周六休息，接受邀请。无论是参与的人数，还是会议中的投入程度，GT运输团队成员的反响都使我们相信变革公司是正确的决定。现在，这已经不再是老板和他关系紧密团队的项目，而是多数员工的选择。这是"共同成长"真正启动的时刻。

## 成立指导委员会

2012年4月，为了确保有必要的方法论和方式方法来支持公司的转型旅程，我们意识到需要建立一个指导委员会。指导委员会的角色，是协助子公司和总部部门将转型落地。

在委员会的创建过程中，高管团队很快就同意了四位需要参与到指导委员会的人选。我们采取以下的标准：

* 相信转型旅程，并且有深层的参与渴望。
* 保持运营子公司和总部部门之间的平衡。
* 不同的层级都有相应的代表。
* 对于像我们这样男性居多的公司，女性的代表很重要。
* 高层领导不可以成为指导委员会的成员。
* 新进公司和在公司服务多年的人之间必须保持平衡。

2012年5月，指导委员会开始工作。它落实的第一件事，就是上文提到的启动会议。让人惊讶的是，四位委员会成员在日常运作中，不断努力地身体力行，活出了我们想在公司推广的原则：聆听、向新事物敞开、实验、透明。

## 在子公司中建立引导小组

随着启动会议的逐步展开，每个子公司都建立起了"引导小组"。

引导小组的首要任务是使启动会议中的产出能够得到最好的利用，为了就会议中大家所关心的问题找到解决方案，该小组需要提出自己的建议。因此，这些小组把启动会议中提炼出来的关键词，分门别类并根据重要性排序。他们的下一个任务是与子公司经理协作，跟踪立项的进展。引导小组基本是由在启动会议上或之后报名的司机志愿者们组成。

引导小组的角色还包括向同事们提供方法论的支持，为了胜任这一角色，他们参加了一个为期两天的培训。他们尤其需要抵制住某些诱惑，即取代经理的诱惑。

指导委员会和引导小组，对于我们最初几年转型的成功，扮演着决定性的角色。他们帮助 GT 运输的团队成员、公司的各个层级，尝试了另外一种处理工作关系的方法。

## 提高透明度

自从第一次启动会议开始，与会者的常识、他们对获得更多信息的诉求、他们想要更好地理解与他们日常工作相关的问题的需求，深深地触动了我们。很明显，我们必须提高透明度，这是我们努力的方向，虽然这不在我们最初的计划之中。我们意识到要想使公司内的沟通更具流动性，透明是至关重要的第一步。虽然公司内部已有多种沟通工具，也已使用多年，如公司报纸、储户公告、每次会议的纪要、运营点的定期会议，但是 GT 运输团队成员想要就所获得的信息自由地交换意见的想法却在启动会议中涌现了出来；换句话说，就是要停止继续使用"自上而下"的沟通方式，尽管这种方式在过去看起来行之有效。现在,"提高透明度"的意识和意图都一清二楚了,但是如何把它变成现实?我们从哪里开始?所有这些问题都拷问着子公司,也拷问着总部的支持部门,与此同时,这些问题也引发了几项成功的举措。

首先,我们让一个小组建立了公司的社交网站,这个网站有点像内部的脸书(Facebook)。GT运输的团队成员可以在这个网站上讨论一切对他们来说重要的话题,无论是公司内的还是公司外的话题。该网站还为所有员工提供了一个相互交流的机会,也给每位员工提供了加入"讨论小组"的机会。公司的员工遍布全国,工作时间的差异也很大,平常的联结不多,而这个网站就这么轻而易举地把大家联结了起来。

网站投入运行后不久,就针对不同的主题创建了讨论组,例如工作服、带起重机的卡车、胶合剂、技术创新,以及通过运动放松、摄影、特殊主题……简而言之,就是人们感兴趣的各种类型的主题。任何人都可以通过写文章或添加照片、视频、链接来做出贡献。还有个名为"直达米歇尔·萨尔特"的小组,这个小组允许GT运输的团队成员可以因任何事宜、任何问题来联系我。有趣的是,当有人问一些大众化的通用问题时,有时候竟是其他同事代替我做出回答。

在这个社交网站发布之前,我们曾有过一次讨论,当时有人担心会很难控制,或者会有人窃取数据。当然,我们另有一

## 第 2 部分 进化之旅中的重要里程碑

个小组专门负责组织和协调这个网站的运行。然而,到目前为止并没有出现不适当的行为,也没有发生过重大事件。这类工具真正的困难在于,人们是否确实准备好了来使用它。有些人是不习惯社交媒体,而有些人就没有使用内网的意识。尽管如此,这个网站的运行释放出一个很强的信号:公司内部的沟通不再仅仅是自上而下,它也是每个人的责任。

后来,有一线的员工提出,他们想要更好地理解与他们工作相关的经济合同。为了能给他们提供这方面的信息,财务部的同事出差到各个站点,给任何有这方面需求的经理和司机介绍管理工具,提供培训。在子公司,针对业绩显示盘的讨论变成了日常工作,这在过去,只有子公司的经理,最多是从事这方面工作的人才会使用它。可能在某些企业,这种做法很普遍,但对于我们而言却是非常重要的第一步。令信息透明、促进理解,是帮助人们对自己所提供的服务负起责任的必要的一步。

另一个举措涉及权力的象征:董事会。当时的 GT 运输跟很多组织一样,董事们好像是神话人物,董事会的决定也被秘密地隐藏着。在总部工作的同事每个月都会看着我们一早进入会议室,直到晚上才离开,每个董事的脸上都写着疲惫,经常是一副严肃、担心的样子。如此,谣言很快就会传开,流言蜚语弥漫在走廊里。这时,一个简单的想法出现在了我们当中一位董事的脑海里：为什么不公布每次会议的纪要？一石激起千层浪，我们激烈地讨论了保密的必要性、提高透明度的渴望，以及两者之间的平衡。为了做出决定，我们回顾了过去几个月董事会所做的决策，有多少真的需要完全保密？实际上，寥寥无几。从另外一个角度看，为了保证讨论中可以自由表达、高度投入，我们又必须做到保密以保护当事人。决策本身和决策过程，这两者之间往往会被混淆，这个发现启发了我们。现在我们做到了平衡：董事会起草的报告只包含所做的决策以及决策背景，对于工作中所讨论的具体内容以及讨论过程中的具体细节则予以保密。

自2013年起，每次董事会之后都会有一个"走廊会议"（因在总部办公楼的走廊里举行而得名）。"走廊会议"是非正式会议，大概用时半个小时，面向总部所有愿意参与的人。会议形式非常放松，我们中的一位扮演主持人的角色，把"舞台"交给所有有决定需要宣布的同事。讨论的详细程度基于具体的主题和参与者们的渴望，一般这个会议发生在上午将要结束的时候。一位即将被派往分公司的董事，提议了一项改进：他很享受这个会议，可是由于距离缘故无法继续参与，因此他建议把会议拍成视频，上传到内部网站，这样一来，所有GT运输的团队成员就都有途径可以看到董事会的报告。这个方式极为简单，但却向全体员工"揭开"了董事会的神秘面纱，使公司内部的沟通更加顺畅。

当然，在提高透明度方面还有很多工作要做。例如，"走廊会议"的安排还需继续改进。在通知方式、解释方法、给尽可能多的人提供工具以帮助他们理解等方面，我们还有许多想法需要被落地。自从开启了"共同成长"的旅程，我们一直在朝着更加透明的方向前进，这才是最重要的。

# 给CEO的360度反馈

在寻找释放言论的各种可能方法的过程中，很快就出现了给老板反馈的想法。很显然，在任何公司的转型过程中，领导者的参与都是成功与否的关键。向GT运输的团队员工下发问卷，用以调查我管理公司的方式，这个做法映射了转型过程中下面的几个关键方面：

* 我们集体行动起来，把含蓄不明的内容显性化。
* 向提高我们之间透明度迈出的一步。
* 显示了我们进化管理文化的决心。

关于发放这些问卷的方式，有两种选择：一种是传统的方式，就是发给董事会成员和运营总监们。而另一种选择是，把它发给那些或者经常或者偶尔，与我打交道的员工。我们选择了第二种方式。事实上，无论是在子公司任职，还是在总部的某个部门工作，员工都是在为公司的成功做着贡献，他们也一定会对我经营公司的方式有一些想法。

我发出一封邮件邀请他们参与到这个协同评估的项目中来，我澄清了几个要点：自由决定是否参与，回复将被保密，会告知他们结果。我同时也强调，他们的参与对我、对公司都非常有价值，因为协同评估将会对公司的运行方式给出其独特的见解。

为了完成问卷，使结果得到有效利用，大家进入一个保证匿名的网站。问卷包含以下几个问题：

* 你喜欢我领导力的哪些方面？
* 你喜欢我经营公司的哪些方式？
* 我需要提升哪些管理方面的表现？
* 我需要更多地关心和关注公司管理中的哪些部分？
* 你想要对我说的其他事情是什么？

问卷发出后的结果让我很感动。首先，我注意到了参与率：140人中，有83人花时间回复，收到了近800条评论。回复的语气也打动了我，让我感受到了大家的尊重和真诚。我带着感恩之情，读了问卷的全部回复。在有过2011年的经历之后，这些回复极大地鼓励了我继续我们的转型。

## 第 2 部分 进化之旅中的重要里程碑

同时,也有一些反馈引起了我的注意。这里,我仅拣出几条最有意义的。需要改善的部分高度集中在更好的沟通、更加可见的同在、多关注现场的团队,以及对某些管理者要有更大的管理勇气。看来,我还有不少需要修炼的。但我并不是一个人在运营公司,有很多的评论写道:"米歇尔,你意识到我们面临的现实了吗?高管团队就像你和我们之间的屏幕。"我把这一条看作非常珍贵的礼物:"米歇尔,他们只告诉了你故事的一个方面,而且,是错误的那一面。"在那时,高管团队和我迅速地意识到我们有很多工作要做。

最终,员工向他们的 CEO 发出了意想不到的恳求:"米歇尔,更勇敢点!"尽管我管理公司并使其发展的能力是众所周知的,我在管理方面的谨慎、在财务方面所采取的方法,都让这些提建议的人心安,但是 GT 运输的团队成员让我更加勇敢一些。这着实令我感到意外,尤其是在那样的时间节点,在我们才刚刚开始启动我们的进化之旅之时,在我们才刚刚开始意识到进化之旅的重要性的时候。如果你想象一下自行车运动的话,我基本上就像一个下坡时刹闸的自行车手。问题在于,我已经养成了这个习惯,在上坡时我也仍然在刹闸。从长远来看,这会变得很累。

这令我意识到限制性信念可以影响到我们的情绪、我们的行动、我们的决定,以及我们的不作为。限制性信念不能被消除，但是它们能够被重新审视、被丰富、被改变。与此同时，我欢迎这个挑战，并带着极大的欢喜之情拥抱了这个挑战。我接纳了它，把它看作开始"共同成长"的邀请。我也看到了，当同事们感觉到自己有足够的自由来要求老板更勇敢一点时，所涌现出来的力量是多么无穷无尽。

## 经理们的讨论组

"变化对于 CEO 来说，已经很清楚了。但是经理们可没想变化，他们只想像以前那样工作"——这个视角，尽管有点夸大其词，但确实总结了变革之初公司里的情景。CEO 和他最密切的小团队启动了变革之旅，通常现场的操作工及普通员工会非常欢迎这一变革。但是，最难面对变化的是经理层。变革不仅要求他们质疑自己管理团队的方式，同时也要求他们审视自己脑海中关于公司运营的图景。我可以用自己的亲身经历来告诉你，从头脑层面理解变革背后的原因以及变革对企业未来的重要性，并不足以在价值观和情感方面拥抱变革。这是一个漫长且艰难的旅程。

## 第 2 部分　进化之旅中的重要里程碑

### "阐述价值观和动机，帮助我了解变革的意义"

里卡德

1994 年加入公司，

2015 年担任 GT 运输西南子公司的经理

自从 1994 年以培训合同加入公司，我一直很幸运在公司一路成长。2000 年，我成为司机学校的培训师，然后我在东部中心的子公司任团队经理，之后又在布列塔尼任运营经理，2009 年，我成为 GT 运输东部中心的运营经理。在这期间，GT 运输的结构一直给了我很多的帮助和支持。所以，2012 年，在一次运营委员会会议上，当米歇尔与我们分享了他自己的旅程，以及他想要改变公司运营方式的意图时，对我来说很难接受。首先，我保持了沉默，而不是提出我的怀疑和不理解，部分原因出于我对 GT 运输的忠诚以及令我成长的感恩。接下来，在听完了波兰乐华梅兰集团（Leroy Merlin Poland）的总监分享自己在公司变革中的经历之后，米歇尔问我们是否想要开启这个增强我们团队自主和责任的旅程时，跟大多数人一样，我附和地说同意。

但回到子公司的办公室，我开始问自己，这对我的期望是什么，今天我的角色是什么？未来的角色是什么？这一切的意义又是什么？这对我来说很困难；我甚至感觉有点迷失，不再清楚自己的角色。意义是什么？这一变化触及了我的价值观吗？如果是，触及了我的什么价值观呢？

跟几个人交谈之后，我意识到自己需要一些帮助，好让我能够转弯，给我的行动赋予意义。我花了接近一年的时间，在公司外的专业人士帮助下探索自我，这让我知道了自己的核心价值观和深层动机，并且理解了变革的重点，也理解了变革的目的是让我们的团队在公司内拥有更加美好的未来。

2015年，我应要求回到了西南分公司，他们给我GT运输西南分公司的管理岗位。为了能够胜任，在回去之前，我想做一个360度反馈，以便我能基于同事和员工对我的印象，在自己需要提高的方面有所改进。这个经验极大地丰富了我。大约有30名跟我密切接触的同事完成了问卷，基于他们的反馈，我能够更加坦然自若地胜任子公司的新岗位，并照顾好周围的人。

今天在思考公司未来的同时，自我成长和帮助他人成长是我的目标。未来或许我还会"内部创业"。

## 第2部分　进化之旅中的重要里程碑

就像我们在成立指导委员会时所做的那样，我们也开始考虑如何在变革之路上支持管理人员。关键是，改变不仅仅是别人的事：我们每个人都被邀请去体验它。我们开始跟克里斯托弗·乐·比安(Christophe Le Buhan) 和雅克·桑帝尼 (Jacques Santini) 开发一个课程，这不仅仅是一个培训课程，更是一个学习和体验我们所进行变革的旅程。如何建立一个环境，帮助每一位经理感觉到自信，用最好的方式去体验个人的蜕变？克里斯托弗和雅克在协助公司进行变革方面的经验再一次被证明是有价值的。

传统的培训课程通常是学习技术和管理技巧，还有管理风格，这当然很重要。然而，专业的行为并不是从天上掉下来的：它们来自一个人性格的最深处，尤其是来自一个人的信念、价值观、世界观、核心品质。因此，如果想要持久的管理行为上的改变，我们必须在源头上工作，这是最根本的。

为管理者设立的变革学习计划，允许他们花时间分享经验并相互间提供支持。这样的方式，让每个人感受到他首先真的被听到了，然后他们开始倾听他人。这在参与者之间产生了高度的信任，令他们对所经历的职业情景有了真正的理解。所带来的效果是系统性的：团队帮助每一个参与者，当每一个参与者取得了进步，团队就会变得更加富有成效和活力。

我们探索了四个主题：

* "哪些是我最重要的价值观，我的个人活力在哪里"，让每个人很好地将个人价值观与公司的价值观关联起来。
* "用创造价值的视角去看待他人"，允许每个人拓展其陪伴的能力。
* "理解集体变革的规律"，承担对公司和同事有影响的项目。
* "从我的个人内在资源里汲取滋养我的领导力"，允许每个人找到真正适合他们的管理方式和风格。

我们邀请了运营子公司和支持部门的 12 名经理，组成了第一期学员，参加这个学习计划。整个学习项目分为 5 期，每期 2 天，在 15 个月内完成。实际上，参与者的个人成长是教育的重要组成部分：我们需要时间来思考，并消化发生在我们身上的所有一切。参与这个项目的人也需要非常投入：参与者都是志愿报名的。当我们刚开始第一期的时候，已经有人报名第二期了，这令人备受鼓舞。

第一期学员的"热情"带来了后期的爆满。

几乎公司的每一名现任经理都加入了这个学习项目。他们中大多数人表示，对于帮助他们经历公司转型所涉及的个人蜕变，这是无价的。对于他们中的很多人，这个项目帮助他们表

## 第 2 部分 进化之旅中的重要里程碑

达了自己关于变革的感受,也帮助他们适应了同事的感受。这个项目对个人和公司都产生了巨大的影响,于是又被推广到更加广泛的人群。到目前为止,有超过 170 名 GT 运输的团队成员完成了这个学习计划。

# 5
# 人力资源总监去哪了？

如果一家公司引入一位创新总监，这很容易被理解，但是，如果一家公司决定不设立人力资源总监一职了，这很可能会引起轩然大波，尽管其目的与引入创新总监一职毫无差异。那么，我们是怎么做到这一点的？

## 将创新置于我们组织的核心

2013年4月9日，高管团队扩大会议在位于图卢兹的家禽公司办公室举行，我是其中一员。一整天我们都在与热情洋溢的员工交谈，他们向我们讲述在这场职场变革中所经历的跌宕起伏，毫无保留地告诉我们自己所面临的困难和怀疑，以及每天扪心自问的各种问题。这给我们留下极为深刻的印象。亮点出现在当我们与工厂的操作工交流的时候，他们如实地向我们解释说，在工作中拥有自主权刚开始让他们感到极其兴奋，随后他们意识到了自主到底意味着什么。这个时刻非常有启迪，让我们在后面的进化路上更加坚定。

第二天，高管团队一起总结这次会议的收获。不可不说这天硕果累累，我们讨论我们收集到的问题以及点子，这些想法及点子是公司正在进行的创新体验引发出来的。我们大多数人都确信不疑，但同时我也感觉到了团队中还有两个成员仍有顾虑。碰巧的是，这两个人很有个人魅力，很善于表达自己。他们巧妙地把注意力转移到了在组织做出任何改变之前都应慎之又慎这个议题上。事实上，就像任何人类群体一样，除非被迫改变，否则人们总是能找到很好的理由来维持现状，我们也不例外。

但不管怎样，那天我们决定来详细讨论公司转型的三个途径：

* 与一线的自主团队一起进行一些实验。
* 审查和优化我们的流程。
* 更关注创新。

关于创新，我们迅速地达成了共识：创新属于优先事项。与此同时，一系列问题也接踵而来，例如，为什么要创新？我们所说的创新是什么意思？创新的障碍是什么？我们要如何跨越这些障碍？我们有什么具体手段来装备自己？为了给这些问题找出答案，同时也为了使董事会明白该作何种决定，一个工作组也应运而生。

这是一个深度研究非常概念性的创新一词的绝佳机会。当下公司里我们哪里在创新，哪里没有创新？哪些创新造就了我们的历史？GT运输可以如何培养创新文化？这个工作组开了四次会，次次都活力四射。随着会议的推进，一个需求逐渐浮出了水面：GT运输需要任命一名创新经理，一个象征着创新的人，一个将帮助公司发展"协作创新"文化的人。

根据过去18个月的情况和经验，当时我们认为，这个人必须来自公司，这样才能保证这次变革的成功，而这一举措将是我们整个进化过程的一部分。我一直想不出应该推荐谁来担当创新经理一职，直到2013年8月初，我有了一个令人惊讶的想法。那只是一个想法，我决定把这个想法留到暑假之后再来处理。当9月份到来的时候，这个想法仍然萦绕在我的脑海之中：任命我们的人力资源总监大卫（David）为创新总监。大卫在公司工作了25年，他就像是公司的不动产，具备一名优秀人力资源总监的所有素质：训练有素的律师，在大多数人力资源领域拥有丰富的经验，曾参加过几次行业谈判，还曾是一名劳资审裁处法官。此外，大卫有相当大的影响力，特别是相对于运营总监们，因为他在公司工作得足够久，而且他有强烈的责任感。

几天后，我和我们的"陪伴者"克里斯托弗·乐·比安讨论了这件事，他帮助我进一步厘清了这个想法，并问了我这么两个问题："如果大卫说'不'，你会怎么想？""如果大卫同意这个提议，他是出于忠诚，还是因为他真的想做这件事？"在GT运输，我们有着强烈的责任感和忠诚文化，因此，这两个问题直击要害。

### 跨入未知世界？

自从这个想法冒出来，对我来说就很清晰，大卫需要放弃现有的职责。他不可能在承担现有职责的同时，再来承担这项新的责任。如果接受这个新工作，他将不得不放弃现在这份，他多年来倾注全部心血，并取得了巨大成功的工作。2013年9月的一个星期五，我和大卫在公司外共进午餐，平常我们一般不会共进午餐，因为这看起来很反常，所以大卫想知道为什么他会收到共进午餐的邀请。很快他就得到了答案："我想给你一个在GT运输负责创新的机会，我想请你放弃人力资源总监的职位。事实上，我们也不会再有人力资源总监一职了。"谈话进行得很愉快，我向他概述了我的建议。他在接下来的星期一回复了我：

> "'谢谢你'是我想说的第一件事。我不知道将来会发生什么，但是，我同意考虑你给我的职位。这个

项目将使心态得以开放，而开放的心态是确保'共同成长'项目成功所必不可少的，因此，也是GT运输所不可或缺的。我的直觉告诉我，它也会帮助我成长。"

现在，它不再仅仅是一个想法，也不再是一个建议，在这次交流之后，它变成了我们两人共担的项目。

为了解决某些问题，我们与克里斯托弗·乐·比安一起对项目进行了梳理。这给了大卫和我一个获得额外观点的机会，我们也趁机表达了自己对这一前景的想法。然后，我们开始着手规划这项变革所涉及的主要任务：

* 大卫必须从根本上改变其职业和定位。
* 他以前的下属的组织技能必须提高，责任也将增大。
* 与高管团队之间、与包括子公司经理在内的扩大高级管理团队之间新的工作关系必须建立。
* 起草创新总监的工作描述。

我们还研究了如何来帮助这一变革所影响到的人，以及如何宣布这项变革，但我们仍然没有涉及核心问题。涉及这一点成了我体验一次重大转变的机会。刚开始，我的提议并不清晰。我要求大卫放弃人力资源总监的职位，因此，人力资源总

第 2 部分　进化之旅中的重要里程碑

监的职位将不复存在。那么向他汇报的人该怎么办呢？然而，在我的脑海里，这些人仍会继续在他手下工作，现在我可以看到这个观点是多么前后不一致，但在那个时候，我对这种模棱两可的观点还是感到很满意的，我理所当然地认为他们会继续保持原样。当克里斯托弗表达出对他而言很明显大卫下面的汇报等级制度将会消失的时候，他的反馈让我迅速地意识到了这一点！就在那一刻，我意识到自己真正要跨入未知领域了，团队就要变成自治、自我组织，没有上司了。那时，我过去运作公司的经验一点都帮不到我。我突然感到恐惧，窒息般的寂静。我能感受到克里斯托弗的好意以及他需要我做出承诺。我能感受到大卫的平静。我屏住呼吸，做出决定：GT 运输的人力资源部门将成为一个自主管理团队，不会再有上级。我从未跳过伞，但是，那一刻，我体会到了跳伞的感觉。

下面讲的这个早晨，远不止硕果累累，而是价值非凡。我很高兴地意识到，这个变化对于员工所拥有的开放态度的要求，既包括那些与我工作关系密切的员工，也包括不那么紧密的员工。我自己就正在亲历其中。接纳我的恐惧，我的心理障碍，我让自己感受到在我们公司的转型道路上不同的人会面临着什么。

2013 年 10 月 1 日，星期二，我们的高层管理团队成员齐聚一堂，召开月度会议。会议议题包括"促进 GT 运输创新的初步设想"。我告诉与会者，我已经提议由现任人力资源总监大卫担任"创新项目主管"一职，并描述了下列关键节点：

* 大卫将放弃他人力资源总监的头衔和职位。GT 运输将不再设置人力资源总监一职。
* 人力资源部门作为支持性功能团队，当然会继续履行他们的职责，但将以一种新的方式，并将拥有更大的自治权。
* 大卫将提供并传授他的专业知识及经验；他将成为"提供资源的人"，而不再是人力资源部门的主管。
* 大卫因此将能够专注于他的新任务——创新。

房间里一片寂静。然后大卫用几句很凝重的语言解释了他对形势的看法和感受。我邀请每个人分享他们的观点。大家当下的反应表达了高管团队成员对大卫的尊重，甚至是喜爱，同时空气中也充满了惊讶："我惊呆了""一枚炸弹"，以及非常应景的暗示："我以为这个职位会是个更年轻的人。""把劳动法换成创新？""创新需要标新立异，但大卫是圣殿的守护者！"

废除人力资源总监一职的前景遭到了广泛的质疑。我们花了充分的时间来讨论这项变革，与此同时我们也列出为了推行这一改变必须回答的所有问题。伴随着人们符合常理的怀疑和担忧，下面的想法也逐渐出现了：

"如果成功了，这会在公司里释放出一个极强的信号。"我们一致认为，这项变革完全符合"共同成长"模式。其中一位同事总结道："在我看来，我们已经在创新了。"

## 创新人力资源

展现在大卫面前的不仅仅是换一个工作，而是一个宽度更广也更富挑战性的舞台。他需要和我们分享心路历程，需要和目前的探索小组一起来回答关于创新的问题：如何使创新成为GT运输企业文化的重要组成部分？

对大卫来说，与其说是在回答这个问题，倒不如说是在回答关于他自己的一系列问题："我凭什么可以来负责这个项目？我适合这个职位吗？在当前的商业世界中，人们不会把人力资源总监和创新总监自然地联系在一起。尽管我的测试报告都说我很有创造力，但我需要知道，我们都需要知道，我是否有能力成功地完成这个任务。"

当然："我也必须克服我的弱点，提高我的技能，涉足我不知道的领域。"

大卫业已形成知名专家的身份象征，这个新职位的引入让他，也让我们面临着各种阻力，同时引发各种防御反应。建立一个创新部门必将激发运营人员的反应，也必将带来销售的挑战及财务方面的变动，尤其当创新总监是公司的前人力资源总监时，情况更是如此。

对大卫来说，他将翻开既丰富多彩又极其复杂的新篇章，他将把人力资源总监的工作抛在脑后，转而学习新任务所需的技能。与此同时，他还必须给予他亲密同事强有力的支持，他们从他那儿获得了新的组织架构所需要的自主权。当然，为了使这种变革进展得更容易些，所有的眼睛都盯着他，每个人都有问题想要得到答案。变革宣传会以及计划会实实在在地把大卫推向了前方。可是，对于失去"他们的人力资源总监"，GT运输的某些员工不仅怀疑，而且还很担心。

我们预料高管团队和子公司经理之间的工作关系将发生深刻的变化，甚至会因这双重变化，即创新总监的产生和人力资源总监职位的消失，而大幅震动。在某种程度上，这也正是我的意图。高管团队的改组本身就在向整个公司传递这样一个信号：转型已经开始，因为它影响的是那些被认为永远不会改变的东西——"大卫，人力资源总监"——我们发出了一个强烈的信号，改变在GT运输已成为现实。

具体来说，大卫得到了两方面的帮助。为了"忘记"以前的工作，他和教练一起工作了几个月，完成了由托斯卡纳陪伴提供的培训课程。在他身上，我看到自由和活力不断增加，这证明了我们的选择是正确的。大卫不仅真正地放下了自己的专业，放下了在人力资源总监职位上获得的认可，还展现了自己性格方面的新东西。在 2014 年 5 月，他和我分享了下面这段反馈，我被深深地打动了："自从你给了我这个位置，我才感受到自己的生命是如此的鲜活。"

与此同时，大卫开始了新专业的学习过程，并从中获得了明显的乐趣。一位专门研究创新的顾问给他提供支持，这让他有机会结识新朋友，发展创新领域的人脉。他想到了很多点子，并与同事们分享了他的这些想法。尽管同事们有时会感到惊讶——这样讲可能只是很有所保留的说法——准确来说，他们开始意识到将要发生的变化的程度会有多大。

尽管大卫自己的"双轨"形式所涵盖的内容丰富、强度巨大，但他还是投入了大量的时间和精力来帮助他亲密的同事们——人力资源团队，为即将经历的冒险之旅做准备。

## 新创建的人力资源团队，为自己的命运负责

2013 年 11 月初，我、人力资源部门的五大职能负责人及大卫一起开会，了解当下的情况。当然，我们为这一刻做了精心的准备。首先，我重述了自春季以来我们在创新方面取得的进展，并宣布我已将创新总监一职提供给了大卫，他也接受了这个挑战。人们的直接反应是积极和热情的。人力资源团队说的词是"幸运"、"快乐"和"机会"，然后是这

样的评论："这很合乎逻辑，但我完全没想到是你，因为你是人力资源总监。"然后，大卫分享了他的改变经历。我们花时间分享了自己的感受。对我们所有人来说，这是一个充满力量和鼓舞的时刻。

"那么人力资源部将会发生什么变化呢？"如我所料，这个问题被提了出来。我利用这个机会建议他们组建一个自我管理的团队来管理人力资源部门。在问了几个澄清性的问题之后，我们邀请团队花一些时间独自工作，列出他们所能想到的挑战。当我们再聚到一起时，他们所提出的有关问题，以及这些员工在面对如此戏剧性又意想不到的变化时所表现出的成熟，给我们留下了深刻的印象。

人力资源团队随后启动了覆盖范围很广的一系列项目，主要集中在如下三个方面：

* 增强自主能力。
* 在公司里获得实实在在的可信度。
* 打造一个团队。

我们给了自己 8 个月的时间，最后期限是 2014 年 6 月 30 日，让大卫组织并完成将人力资源部门的职责移交给"人力资源团队"。在实践中，这涉及改变我们的实际操作流程，这个新的组织提出了许多问题，例如，在高管团队中人力资源的这

第 2 部分　进化之旅中的重要里程碑

个纬度怎么体现？

人力资源团队的五名成员分别负责人力资源部的一个职能：培训、薪酬、给运营员工提供法律援助、安全防护和保险、员工储蓄以及总秘书处。他们与"领导者"一起工作，"领导者"就是在上述某个领域中有专业技能和丰富经验的人。"自主"的第一个挑战是他们需要提高自己的专业知识，以便不再需要依靠大卫的专业技能。为此，他们制订了一个培训计划，这个计划一直持续到 2014 年 6 月 30 日；每个人都和大卫一起制订了一个提高他们人力资源各方面技能的计划。团队还必须学会在适当的时候联系大卫。对于那些负责薪资、安全防护和培训的成员，自治也体现在了日常管理上。

这意味着，现在每个人都要独立管理一个团队。但这条路并不好走，因为在以往的团队管理中，大卫作为领导者有超强的个人魅力，如今五个人各自拆分带团队，没有可借鉴的经验。果然，五名成员中的其中一个就在 2015 年年底走得跌跌撞撞。

这些人面临的第二个挑战是如何在他们的同事当中建立起自己的信誉。跟任何一家公司一样，人力资源的职能都是与部门经理进行日常接触。在 GT 运输，大家习惯了随时给大卫打电话——从早上 7 点到晚上 8 点——有时也在周末，这些人知道他们会从大卫那儿得到准确且非常有条理的答案。这是大卫超过25年的经验以及对公司坚定不移的奉献精神的结果。这五名工作人员要想建立起真正的信誉，需要他们投入时间，也需要他们极大的奉献精神。他们面前困难重重，尤其是当一个又一个子公司经理因为担心正在发生的变化，而与人力资源部门的成员之间的工作关系变得紧张时。他们不断地进行讨论沟通，在讨论中，大家的恐惧和担忧得到了充分的表达和分享。事实证明，这种不断的沟通对解决任何困难都非常有帮助。我们看到，即使是对于高管团队成员，尽管每个人都有良好的愿望，但要想获得这种可信度也并非易事。

最后，第三个挑战是把这五名已经习惯了和"老板"一起工作的员工变成一个真正的团队。这个过程也一样并非一帆风顺。该过程是关乎人的，既漫长，又令人振奋，同时还很困难。2013年11月初宣布变革之后，我们建议找个人来支持这五个人。这场变革，是要把曾经围绕着一位个性很强的领导工作的五名员工，转变成一个自我管理的团队，找个人来支持他们是成功与否的关键之一。在"教练"玛丽-克劳德（Marie-Claude）的帮助下，他们一起设立了人力资源团队的使命及价值观——这是他们的行为准则。他们利用这个机会充分地表达了每个人的期望，这不仅赋予了他们力量，同时也打消了他们的疑虑和恐惧。事实证明，这种安排富有成效，因为他们每个人都在这个过程中全情付出，他们从中获得了巨大的能量和激情，这个能量补充对于接下来等待他们的几个月来说，是不可或缺的。

布丽奇特（Brigitte）的以下见证分享，足以反映所取得的成果：

> "既自主又负责任的管理，是建立自己的信誉、获得内部和外部信任的日常战斗。"
>
> 布丽奇特
> 保险和安全防护经理
>
> 我们刚刚历经四年时间建立了一个自治的、负责任的人力资源团队，没有人力资源主管一职，只有自然产生的领导人。这是多么大的一个挑战啊!
>
> 现在我们可以总结说：在这条转型的道路上，获得专业人士的支持是至关重要的，只有这样才能探索你自己和你的观点（这样就没有小我的空间了！），为建立团队及彼此遵循的准则奠定基础：倾听、尊重、友善和真实。我们很幸运，也很高兴遇到了玛丽-克劳德。我们创造了自己的今天，这是我们和她一起做到的，多亏了她高质量的帮助，以及她身上所呈现的价值观。我们要向

她致以简单而诚挚的感谢。既自主又负责任的管理，是建立自己的信誉、获得内部和外部信任的日常战斗。

例如，我们必须推动将运营委员会（CODIR）[①] 的大门向我们打开，这扇门以前对我们完全关闭，我们必须在运营人员中确立我们的地位。在此之前，运营人员只有一个联系人：人力资源总监大卫。当不再有等级制度时，决策变成了一个挑战：谁来决定，如何决定，为何决定。

每天都有问题出现，每次我们都要努力寻找解决方案、发明方法、尝试（没有人会为你做这些）。例如，当不再有老板的时候，你要如何进行年度绩效评估并决定你的薪水？我们现在采用自我评估。

赋予团队意义，与他们一起构建愿景，建立一种组织模式，只有这样才能让每个个体都愿意参与变革，这是绝对必需的。

今天，人力资源部门与发言人、优秀的组织者和顾问委员会一起工作，这勾画出了其决策过程，以及根据公司的愿景确定的职责。

简而言之，这是一场激动人心的探险，每一步都需要

---

[①] 由运营分公司的经理组成的机构。

承诺；它帮助我们成长，无论是个人还是团队，我们经历了快乐、怀疑和恐惧的时刻，这是一场我们从未想象过的探险。

当我写这篇笔记时，我们正进入公司的一个新阶段，我们将重新考虑为我们的组织招聘一位人力资源总监，因为公司是一个不断演变的活生生的组织。

## 改变高管团队的观念

2013年11月5日，我们高管团队与大卫以及他以前管理的五名员工见了面。自10月初宣布变革以来，人力资源团队的响应帮助高管团队举办了一次非常有益的研讨会，我们花了相当长的时间对有关问题形成了新的认知。我们那天面临的挑战很简单，可以用一句话来表达："让GT运输的创新成功，保持人力资源部门的绩效。"

我们开始探讨这个决策背后的合理性，以及这个决策是否与公司的价值观一致，是否符合公司的转型之路。这给了每个人一个表达自己对这种变化的个人体会，以及解释这种重新设置的组织架构是如何打乱了他们的日常工作的机会。我们进行了深入的讨论，分享了我们的感受。倾听的能力和相互尊重，再一次帮助我们每个人又向前跨出了一步。当我们改变自己时，公司也随之改变。

接下来我们谈了期望带给公司以及 GT 运输团队成员的利益：给员工创新的机会，同时，提高他们成长的可能性。与此同时，通过创新提高公司实现其雄心壮志，并为客户创造价值的可能性。我们向员工传达了这样一个非常有力的信息：我们将创新委托给组织中的一位关键人物，大卫，而他同时也在经历着个人的蜕变，从一个受尊敬的人进化演变成一个更自由释放的人。

当讨论实施这一变革的具体细节时，我们想到的第一件事，是仔细地准备公告，以便所有 GT 运输的工作人员，特别是运营人员，都能够理解该变革的意义和它所带来的挑战。为了确保这关键一步的主人翁精神，我们开发了一个流程。我们决定采用"创新总监"这个头衔，以期反映这个职位的重要性。我们还一致同意，新组织将于 2014 年 6 月底开始运行。

我们一起所开展的这项工作，既异常紧张又意义深远。我们能够调整自己的观点和感受，分享我们对这次重大变革的担忧和期望。我们确实为集体智慧创造了条件！在这次研讨会上，我们讨论了启动勾画愿景这个项目，换句话说，我们想要发挥广大的 GT 运输团队员工的集体智慧。这个项目的第一个阶段包含定义我们的使命、我们的价值观、公司的抱负，从而清楚地定义我们自己的身份特征。

# 6
# 构建公司的身份特征

"厘清战略，全员参与"，这是我们2013年开展的一个项目，由一个专门小组负责。该项目的目标是赋予公司正在进行的组织变革一定的形式，让其对于内部的员工和外部的客户来说，更加透明和易懂，以求达到"让员工动起来，投身到有意义的项目中"。从理论上讲，这个过程令人振奋，目标积极正向。然而，我那个时候总觉得什么地方不对，似乎缺少了一些重要的甚至很核心本质的东西。回想一下最近发生在人力资源部门和高管团队之间的问题，我意识到了目前组织变革的不足之处：整个变革过程只有高管团队在领导。不可否认，这些高管们非常用心，并带着深深的承诺。但是，又一次，我们仅仅是从高管的视角看待现实发生的事情。我们依旧陷在金字塔式的、垂直的、自上而下的模式里。

## 第 2 部分　进化之旅中的重要里程碑

# 知道我们是谁，来自哪里

我们用了另外一种方式来组织 2013 年 11 月的研讨会。内容基本相同，但有更多的参与者。我们一改原来的方式，不再是高管团队独自准备公司的变革项目，然后再费时费力地拉员工"上船"。我们选择进入一种动态的关系，包括打开我们自己，直面"风险"，与 GT 运输的员工一起共创。这种视角的转变，对于高管团队来说冲击很大，无疑也因此在这次工作坊中创造"人的个人蜕变"。而第一批对这个新视角表现出热情的人竟是人力资源团队的成员，这真是太让人吃惊了！

我们仍然是新手：该怎么办？从哪里开始？我们再一次邀请了克里斯托弗和雅克协助我们。很明显，在规划未来之前，需要提升对于过去的理解：我们是谁？我们从哪里来？是时候探讨 GT 运输的身份了：是什么把我们绑在一起？是什么指导我们的日常工作？我们给 GT 运输的所有员工发了一封信，通知大家这个集体任务，并邀请他们参与进来。许多人参加了 2014 年 2 月的活动，GT 运输的团队成员们做出的响应，激励着我们在这条路上继续下去！

我们花了大量时间和精力为那天做准备。和 120 人一起同时来集体地生发出公司核心身份的各个组成部分，这对我们来说是第一次。前期启动会议的成功给我们成功完成此次会议带来了信心。然而，我们心里的老恶魔却驱之不散，它会问些诸如此类的问题："或许我们应该把指导文件先发出去？""我们真的需要给每个人发邀请吗？"……这些问题都是有意义的问题，但我们需要考虑与会者的不同，并不是每个人都想要或者有机会在会前读那些文件。我们最终决定尽可能邀请各种不同类型的人来参与会议，并决定先不发出文件，而是在会议过程中使用其他公司的活生生的例子来解释我们所谓的"企业使命、价值观、抱负"到底是什么。最终，会议讨论过程中呈现的品质和丰富程度验证了我们所做选择的正确性。

## 定义公司的使命、抱负、价值观

在本书的第一章，我讲了2014年2月那个激动人心的星期六，我们所经历的集体智慧的过程。对所有在场的人来说，那天是一个转折点。现在我想再回来谈一谈我们那天的成果。那一天的意图是识别一切能够表达公司使命、抱负、把我们绑定在一起的价值观的事物。

那天我们从使命或者是公司存在的意义开始："你认为，GT运输的使命是什么？"克里斯托弗给出一些例子，来解释什么是使命："除了我们在不同行业所提供的服务，能够用来形容公司特征的，会是什么？对于我们的客户和我们所存在的外界

## 第 2 部分 进化之旅中的重要里程碑

环境而言,什么是我们所提供的且不被人替代的?"

尽管大多数人都不习惯于这样的问题,然而,各小组讨论进展很快,我们通过电脑获得了最初的反馈。电脑语义处理程序令我们看到哪些词出现的频次更高。这些词被用于形成使命陈述。最频繁出现的词,当然是客户。紧接着是人、服务、运输、解决方案等词语。我们收到了 280 多条意见,其中一些非常有意义,很有启发性。

接下来,我们对抱负展开探索:"你认为,在接下来 10~15 年,GT 运输的抱负是什么?"在这个环节,大家的意见被按照逻辑分门别类,列入运输和领导两个类别。令大家惊讶的是,国际化紧随其后。要知道目前我们只在法国市场拓展业务,法国市场也有足以提供我们发展所需的空间。但的确,我们高管团队也曾讨论过国际化的问题。此时,我们终于感觉到自己被说服了,像我们这样规模的公司,不应仅仅局限在法国,也需要做好准备去响应来自我们主要客户在其他国家的需求。那一天,我们确认了不仅仅是高管团队有这样的想法。

我们从人的视角探讨了价值观这个话题:"在我们的合作中,什么是必不可少的?"同时从战略的视角探讨:"怎样的价值观能使 GT 运输在当今和未来的市场中,持续地保持业绩?"对于人的视角,涌现出的词是沟通、信任、聆听、尊重,各种各样的想法!甚至此刻,回想起那一天,仍然令人振奋,根本无法用语言来描述我们当时分享的热情程度。对于战略的视角，"创新"脱颖而出。这是对我们设立创新总监一职决策的最后确认。

最后的问题是："今天会议结束离开的时候，你的感觉是怎样的？" 168 条反馈和灿烂的笑容，映射出了那天结束时，我们的能量和热情。我们体验了一个特殊的时刻。但困难还在后面呢！我们需要把大家提出的 1350 条富有价值的信息整合起来，并如实地呈现这次会议的精神，以便 GT 运输所有成员理解。为了完成这项艰巨的任务，我们征募参与者的帮助。瓦伦丁（Valentine）帮助我们进行内部沟通，给大家提供支持。他们提出的最后措辞，得到了家族股东和高管团队的认可。

那天我们取得的成就最终表达如下：

* 我们的使命是：通过建立持久的、人性的、创新的关系，帮助我们的客户达成业绩。
* 我们共同的价值观是：
  ——每个人对促进同事的成长绽放和客户的满意做出承诺。
  ——有接受现实的勇气，有批判性地看待自己的勇气，有创新的勇气。
  ——谦卑，以聆听他人、尊重他人，共同前行。

* 我们的抱负：成为国际范围内最受员工和客户喜爱的运输公司。

如果没有开启公司的进化之旅，我们那天的会议根本不可能如此丰富高效。对于后来取得的成就，那一天也意义深远。

## 最早出现的成功花苞

2012年11月至2013年6月之间举行的启动会议之后，我们开始了许多自发性的尝试。下面概述了一些事例，可以帮助你加深对公司发展动力和理念的了解。它们的起源和对日常运营的影响各不相同，类型也各不相同。所列出的举措在某种程度上是没有联系的，但是它们的多样性表明，这个极其传统的公司内部正在发生着非常深刻的变化。以下是它们的概述：

* 会计凯瑟琳（Catherine）主动与子公司负责维修的机械师进行了交谈。她的参与非常有意义，带来了做事的方法论，为库存流程的最终变革奠定了基础。其实，多年以来我们一直想变革，但始终无果，主要是由我们的服务特点决定的，总是忙着做紧急的事情。
* 在我们自己运营的配送中心，一名配货员向同事建议，共同评估整个配货处理的方式和方法。产出是，配货的

流程更顺畅、效率更高。

* 在巴黎的一家子公司，一些员工在互联网上进行了搜索，并建议尝试使用新的工作手套。它们稍微贵一点，但寿命长四倍！
* 一位管理审计师，完善了一个培训课程。这个课程适合一线工作团队，能够帮助司机们更好地了解自己服务的合同赢利或不赢利的原因。
* 在许多站点测试性地放置了一些工具箱和方便司机日常工作必需品背囊，并随后被采纳。
* 在一个子公司中，一些人制作了一份旨在为 GT 运输的成员提供更好信息的报纸。他们持续的发行，激发其他几个子公司紧跟其步伐。
* "过过我的生活"（角色转换）这个活动进行了很多次。原理很简单：例如，辅助部门的员工与司机或运输调度共度一天，反之亦然。该活动帮助参与者和他周围的人，更好地借助这个活动了解和他工作内容不同的同事的日常工作。这个活动相当成功，以至于所有高管团队成员和子公司的总监们也都跑去与司机们共度一天，之后大家会聚在一起分享经历和收获。

某些尝试也产生了更广泛的影响。例如，成立了第一批

## 第2部分 进化之旅中的重要里程碑

"自主团队"。在大多数情况下,是司机们自发创建的,当然这会得到子公司经理的支持。"自主团队"是什么意思?他们是由司机组成的团队,承担传统上分配给经理的任务和职责;例如,制定工作和休假时间表。为此,司机们会招募短期临时工同事[①],以填补空缺。其中一名司机描述了他们的感受:"我们自己管理自己,这使我们感到满足,同时还节省了时间。"

其中有几个团队的这种尝试取得了成功,并且如今他们仍然继续以这种方式开展工作。但是,在某些站点上,这种尝试失败了,或者说,他们找不到志愿者来开启这种尝试。在其他站点,一些司机以自主方式单独工作,但是由于他们之间的联结不足,因此无法协作。然而,无论成功与否,这些经验都为我们组织当前的发展奠定了基础。

在此期间也发起了另一项尝试,即协作招聘。一些司机建议他们参与招聘过程。开始时,他们参与了GT运输司机培训学校的年轻应聘者的招聘过程。这个想法很简单,并且这个想法的核心所在是:"谁能比司机更适合谈论他们自己的工作,并评估完成这项工作所必需的素质和技能?"当然,并不是每个人都有这样做的愿望或能力。有一些司机为了加入招聘小组,自愿参加培训。最初,这两个过程(传统的招聘和司机参与的招聘)并行进行。在令人信服的结果下,现在,在我们大多数

---

① 和公司签署固定合作期限的合同。——译者注

站点，都是司机参与招聘面试和针对特定岗位的技能测试。

最后，另一项尝试为我们的组织带来了改变，即职业健康和安全培训师。在有运营经理和安全及事故预防部门共同参加的会议上，与会人员表示，他们感到自己陷入了停滞，无法改善事故结果。他们觉得自己黔驴技穷，已经尝试了一切，很难再提出新的建议，并且让他们倍感沮丧的是，付出很多努力，却收效甚微。布丽奇特主持了这次会议。她把事先为这次会议所准备的一切都放在了一边。她发出邀请："我们已经尝试了一切，那么我们还能发明什么，才是真正的新事物呢？"一点一点地，人们开始提出想法，对话变得更加热烈，能量得到恢复。允许参与者提出新的建议，其中一些是完全脱离现实的，但激活了创造力。那天晚上，每个人都精疲力竭，但产生了一个受到热烈支持的建议：每个子公司出一个人，负责培训和预防。此人作为子公司管理团队的一员，同时将得到培训和事故预防部门的技术支持。不久后，一名运营经理和一名事故预防部的员工来到公司的高管团队开会，提议在子公司中尝试这个做法，期限六个月。在初步试行成功之后，我们将这种新的架构扩展到了所有子公司。

这些举措给人们留下了深刻印象，在这样的氛围和情绪中，GT运输开始探索自己的定位。

## 第 2 部分　进化之旅中的重要里程碑

### 主人翁精神

2014 年 2 月的那一天对参与的人产生了深远的影响。许多人决心与同事分享自己的经历。大家开始非常明确地意识到，我们在最重要的事项上越团结，业务团队就越容易在决策中发挥真正的自主权。我们的身份映射了那些把我们紧紧地团结在一起的事情，换句话说，就是我们的使命、我们的价值观和抱负。

子公司经理的身边都围绕着充满干劲的人，在经理的倡议下，召开了主人翁精神的会议。在每次会议上，GT 运输团队成员都有机会用自己的话语描述，我们正在进行转型的主要方面。

这是一个非常简短的摘要：

* 关于使命：
  ——通过司机的参与来聆听客户声音，并共同寻找新的解决方案。
  ——通过日常活动和可靠性来加强客户关系。最普遍表达的信念是，我们将利用所获得的经验来改变组织，并改变管理实践。
  ——通过为客户提供更多增值服务，鼓励司机不断提高自主性，从而减轻经理们的管理任务。

* 就价值观而言，这个想法明确而恰当地表达了我们公司："这就是我们"。这些价值观表达了我们与众不同的决心，但某种程度上却与我们的时代文化背道而驰。当然，如果我们每天都能真正地按照这些价值观生活，那么我们真的会与众不同。
* 探索公司想要实现的抱负，常常会给员工提供一个机会，来表达归属感的自豪："我所在的公司：不仅关心客户也同样关心员工"；"我的价值观和公司的价值观很有交集，这里给我机会成长"。这些话被员工屡次重复。而有些话题则不那么有同感，比如国际业务发展就引发了许多困惑和问题。

2014年有很多高潮事件。这些事件通过具体的成就，帮助员工注意到他们所在的公司创造的意义。例如，2014年9月在波尔多举行的大型寻宝活动，关注的重点是GT运输的三个主要价值：勇气、承诺和谦逊。对于所有参加活动的员工而言，这是一个团结一致的时刻，令人愉快又难忘。

## 意外的结果

自2014年1月起，我们就与普罗旺斯—阿尔卑斯—蔚蓝海

## 第2部分 进化之旅中的重要里程碑

岸地区的一位同行取得了联系。该公司与我们属同一行业，彼此的业务在地理位置上是相辅相成的。他们享有良好的声誉，但财务状况脆弱。直到4月份，我们之间的谈判一直进行得很顺利，后来就再也没有从联系人那里收到任何消息。6月，对方打来电话说，他们的情况变得非常令人担忧。6月底，他们申请了破产，并且商业法庭将该公司置于法院的管理之下。如果我们想收购这家公司，将不得不从法院购买，当我们意识到这一点时感到有些失望，因为我们从未参与过这样的交易。7月，他们的现金流状况是灾难性的。我们后来发现，是其中一名公司高管擅自挪用了资金。为了支付员工工资和维持日常的基本运营，"法院指定管理人"必须进行"回租（Lease-back）"交易，即先将车辆卖给某个机构，然后再将其租回来提供服务。可以想象，没有哪个金融机构有空或有意愿研究这样一个棘手的案例，尤其是在夏季。① 而我们熟悉这种类型的车辆，能够应对这种紧急情况，并为此提供必要的给养。

同时，法院发起了接管这家公司的招标。另外两位同行也积极参与进来。其中一位非常可靠，来自同一地区，并且对该公司非常了解。竞争很激烈，这点我们很清楚，我们的方法是继续以与1月份同样的心态谈判。在不忽略公司财务脆弱性的前提下，我们考虑了其商业和人员的现状。在我们看来，该公

---

① 大多数法国人选择夏天休假，所以夏天较少有人在工作。——译者注

司仍然很有价值。与我们开展过的其他合并一样，我们与这家公司的员工一起度过了很长时间，我们邀请该公司员工代表委员会的成员参访我们的总部，并会见GT运输的员工。GT运输的员工跟这些参访人员分享了我们的公司，并播放了我们2月15日会议的视频。意外的是，这些我们自己习以为常的做法，竟然使我们与这些员工代表、"法院指定管理人"以及负责此案的破产法官之间建立了真正的信任关系。

9月，提交投标书。招标流程包含两次投标。在两次投标之间，各报价的汇总报告会给到三位有兴趣的竞标人。这样，每位竞标人都可以在认为有必要的情况下调整出价。在第一轮报价之后，我们的一位同行被淘汰，因为他的方案只保留了公司100名员工中的一半。另一家位于同一地区，处于"主场作战"的优势，他们的方案里保留所有员工，但其收购报价仅是我们的四分之一。尽管那时标的公司的一些服务合同已不复存在，我们仍然认为该公司是有价值的。我们对成功中标充满信心。第二次报价，我们出了跟第一次一样的价格。但同行出价比以前高五倍。从经济上讲，这样做是荒谬的，但却使他们的报价遥遥领先，法院极有可能更倾向对方的出价。对此，我们感到非常沮丧，招标公司的员工也觉得沮丧，他们原本强烈地希望我们能够中标。我们的天真让自己没能识别出同行的把戏。但是这种又巧妙的策略使得所有参与此次投标案的人深感

## 第 2 部分 进化之旅中的重要里程碑

震惊：破产法官、法院指定管理人、雇员代表，甚至债权人代表。

那天是星期一，答辩会定在接下来的星期三早晨。星期二，我们对出价进行了详细研究。我们认为，在与租赁相关的一个非常技术性的点上，我们是最高出价方，这缩小了我们的报价差距。我们通知了法院指定管理人，请他将这一点纳入考量。我与律师和大卫一起准备了第二天给法官们的演讲材料。法官必须在两家竞标公司中做出选择：一家公司在过去的九个月内始终保持同一行动指引方针；另一家公司很会出招，并给出了更高一些的价格。

平生第一次来到商业法庭，我很激动。三位领事法官也是企业家[①]。我恭敬地与他们讲话，就像他们是同行一样。我向他们介绍了 GT 运输，其使命、价值观和抱负。我向他们解释了收购该公司对我们意味着什么，以及从经济和人员的角度来看，这又有怎样的意义。我回答了一些问题。然后我离开了房间。在答辩期间，法院指定管理人准确地总结了自公司破产以来发生的所有事情，尤其是我们介入此事的方式，员工代表重申对 GT 运输的信任。法院的判决会在下周三发布。离开法庭后，我感到平静和自信，我们已经做了所有我们需要做的。

10 月 15 日，星期三。就在我们焦急地等待法院判决的时

---

① 商业法庭里法官的构成有职业司法人员，也有商界人士轮值。——译者注

候，前企业主打来电话说，我们中选了！我在走廊上大声宣布这个消息，整个大楼里都洋溢着欢乐。每个人都走出办公室，欢呼，吹口哨并热烈鼓掌。当然，我们也已为这种可能性做好了准备。法院的判决立即生效。从星期四早上起，我们被允许"进入公司"。在接下来的星期五和星期六，有18个人自愿去见那里的每位员工，向他们介绍我们以及GT运输的工作方式。其中有两名GT运输员工想到制作一个短视频，让总部的每个人都欢迎他们的新同事，这种体贴和友善令加入我们公司的新员工非常感动。

在接下来的几个月中，我们既有成功，也有困难的时刻。接管一家受法院管理的公司，也意味着接管一家没有钱付员工工资和支付各种费用的公司。今天回看，这次收购是真正的成功。我们不仅保住了员工的工作机会，也巩固并拓展了我们在该地区的地位。

# 7
# 钱在这一切当中的位置？

## 利润：是公司的唯一目的吗？

塞尔日·莫斯科维奇在其著作《造神机器》[1] 中说，通用语言有三种，即金钱、音乐和数学。数学，关乎科学和技术的所有方面；音乐，属于社会范畴；金钱，与行动和现实管理相关。音乐或数学固然是令人着迷的话题，但在这里我并不想谈论这些，是时候说说钱了。

我经营的公司必须长期赢利。自从接受 CEO 一职以来，这是我必须承担的责任。作为首席执行官，我的使命是增加股东的商业资产，无论他们是家族股东还是雇员股东。但是，追逐利润是公司的唯一目的吗？对于某些人来说，也许是的。但如果真是这样，那就太可悲了。公司拥有自己的身份特征，其范围远远超出经济和财务目标。

---

[1] 塞尔日·莫斯科维奇（Serge Moscovici），《造神机器》（*La Machine à faire des dieux*），法亚德，1988 年。

让·斯多在《通向未来的钥匙》中指出，贪婪和不负责任是2008年金融危机的根本原因。通过开发日益复杂的金融工具，来满足对越来越多金钱的无休止的追逐，错综复杂的金融工具稀释了这个过程中参与者的责任。我们都知道最后发生了什么。金融世界沉疴已久，最终因一点差错就崩溃，随之而来的经济危机对很多人产生了实实在在而巨大的影响。作为CEO，我也经常问自己一个问题：我与金钱的关系是什么？我该如何承担责任？

对我来说，追求利润并不是公司的唯一目的。同时我也很清楚，一家公司只有在产生足够利润的情况下才能生存。这是其发展、独立和财务实力绝对必要的条件之一。它使公司能够实现其他目的和使命。赢利能力就像水、食物或氧气对于身体一样。这些要素不是生活的目的，但是没有它们，生活是不可能的。

银行家不是个容易的职业。在日常交谈中，如果您想找个和中小型企业主们都能达成一致的共同话题，那么您只需要说说税务管理或银行家。就我个人而言，当有一天我们自己也被拖欠巨额资金时（相当于一年的利润），我才对银行家的看法发生了改变。事情很简单：客户欠我们钱，钱应该在某个日期进入我们的账户，却未到账。那天我终于同理到了银行家的难处。借出的钱对出借人来说就是一种风险，利率则是用来补偿这种风险的。

在 GT 运输，我们始终努力向银行经理提供所有信息，以帮助他们更好地评估风险，这看起来是基本常识，但这种信息的透明和长期的合作使我们在需要的时候可以做到在银行快速立项、评估贷款。我们之间的信任也随着时间推移建立了起来。

在一个公司中，金钱会是永远存在的指标。它可以实时地、长期地衡量行动和政策的有效性，大学和商学院也是这么教学生的。在某种程度上，这也是我们公司的主导文化。从根本上讲，作为一种非常有意义的手段，金钱被广泛用于衡量公司的经济和财务绩效。但是，在公司的现实中，是不是仅此而已？还有，从人的维度来看，金钱代表着不同的东西。

## 我们用什么方法来确定每个人的薪资？

在 GT 运输，人力资源团队从 2014 年 7 月开始实行自主管理。9 月底，我们从总体上回顾这种新模式，讨论了各种问题，其中最主要的是将用什么方式来确定每个人的工资。最后决定由人力资源部着手研究这个问题，并在接下来的几周中找到解决方案。11 月，我们聚在一起讨论各种解决方案，人力资源团队提出了以下备选方案：

* 保持"传统"模式。根据这种模式,我跟人力资源团队的5个人一对一地单独进行个人年度绩效评估;在年度评估中,同时讨论他们的薪资调整(我们在整个公司都使用这个模式)。
* 采用"创新"模式。在这种情况下,人力资源团队将发明一种新的调薪流程。

我们就以上方案展开了讨论。大家畅所欲言,每个人都被允许直接说出他们心里头对这两种模式的感觉。可以肯定的是,"传统"版本有着让人放心的元素。"但是,"伊莎贝尔直率地指出,"与老板讨论加薪,实际操作上并不能令人很放心。"所有人都认为,"创新"模式与我们公司正在经历的转型更加契合。我们预计这个新的调薪流程将助力公司正在经历的变革。大家一致同意:给人力资源团队提供支持和指导,以便启动这个流程。我们再次踏上了一条新征程。

在克里斯托弗·乐·比安的帮助下,人力资源部的这五位"先锋"花了一整天的时间来探讨这个新流程,提出了包含下列两个部分的流程:

* 第一部分。每年评估前一年的绩效,并确定每个人的薪资调整。人力资源团队得出的结论是,不需要再与上级进行个别面谈。他们倾向更加赋能的评估过程,即由这

## 第 2 部分　进化之旅中的重要里程碑

五名团队成员与子公司经理及其各自的团队一起进行评估。具体步骤如下：

——与子公司经理会面，听取反馈。

——与人事部门的团队会面，听取反馈。

——根据这两个反馈，准备一份个人发展计划。

——这 5 个人再以小组形式一起协同工作，介绍各自的发展计划，对其进行完善，并确定每个人的加薪幅度。

——将这些发展计划提交给高管团队。

\* 第二部分。确定一个符合现有的新的工作内容的薪资。以下是他们当时向我建议的流程，我们决定试用：

——联系专门从事员工薪资的公司，将我们每一个岗位的薪资与基准进行比较。

——基于上述专业公司的研究报告，每个人负责提议自己 2015 年的薪水。

——把这些建议提交给"智囊团"征询意见，"智囊团"由两名运营子公司的经理，以及负责招聘和培训经理岗位的帕特里斯（Patrice），还有两名家族股东和董事会组成。

——"智囊团"就上述建议给出意见，以便人力资源团队批准这五人小组的薪金总额。

——将此过程的结果提交给我，以确保与其他支持部门的一致性。

我之所以用"先锋"一词，是想说明在那个确切的时间点，我们正进入未知领域。第一次，在 GT 运输，员工将负责自己设定工资！

事实证明，该过程对我们公司及其转型极为有益。但是，在实施过程中，不仅给人力资源团队的成员，也给"智囊团"带来了震惊、挫折和困难。

第一个意外是在流程开始之前的第一步，必要的透明。人力资源团队的五个人，每个人第一次获悉了其他同事的收入。他们意识到了两件事：一，与其他部门中同等职位的薪金差距；二，男女薪水之间的差异。

接下来与"智囊团"举行了会议。和其他许多的会议一样，在这次会议上显现出这五个满腔热情并且已经在这个话题上一起工作了几个星期的人，与刚刚接触这个话题的"智囊团"之间的巨大理解落差。对于薪资水平，"智囊团"继续秉持公司一贯的谨慎态度。他们很现实地进行点评，却没有考虑局势的全新方面。大家进行了激烈的辩论，引发了一系列问题。其中有个很实质性的问题也超出了人力资源团队当下的经验：提高自主权和加薪之间有多大关系？这也引发了另一个潜

## 第 2 部分 进化之旅中的重要里程碑

在的问题：这个流程是否可以复制到公司的其他部门？(后来这个问题在公司进化过程中很大程度上启发了因地制宜、采取差异化的流程)

会后"智囊团"的成员感到有些困惑，并与我分享了他们的观点。至于我们的五位"先锋"，这段时间的经历削弱了他们的热情。按计划我们会在几天后见面。为了让读者了解"先锋"的心情，我从他们在开会前给我的反馈中找出几句列在下面：

* 困难重重。我们真的准备好了吗？
* "智囊团"准备好了吗？
* 我们现在非常不确定。我们在问自己很多问题。
* 我们意识到，某些行动每次都是在我们的要求或倡议下采取的，其中最重要的行动是将我们纳入了高管团队。但是，如果我们的立场是错误的呢？
* 在听取"智囊团"反馈时，我们感受到，在我们自认为拥有的姿态和他们所感知到的我们的姿态之间是有很大落差的，我们扪心自问，自己是否活出真实。

几年前，一个经营美术馆的朋友告诉我，痛苦是艺术家内在的创造力。如果没有痛苦，就不会有真正的艺术创作。会议中，我一边倾听五位"先锋"一边问自己，这句话是否也适用于管理创新。接下来我们进行了讨论，这成为我冒险之旅的又一个巅峰时刻。我的冒险之旅充满了许多意外的转折。我们的用词很简单，没有斟字酌句，也没有重点。这反而赋予了他们力量："我觉得'智囊团'没有看到我们的价值，他们没有意识到我们已经实现的。'智者们'带着一成不变的眼光看我们。""从会议开始时我就感受到了张力。'智囊团'对重新评估薪资的提议感到不舒服。我感到他们低估了我们所承担的任务和责任的重要性。"

我想起了"智囊团"的某些成员，曾和我分享过在那次会议上的经历。我看到了所有人，包括五位"先锋"和"智囊团"，他们尽心地投入，我也看到了处理与薪资有关的问题是多么困难。我们跌跌撞撞，可能是因为这个任务的目标和框架不够明确。或许我们可以用不同的方式来开展这项工作，或许可以更加谨慎行事。尽管如此，我们依旧跨越了一大步，毕竟在 GT 运输，这是第一次员工可以讨论并负责确定自己的工资水平。的确，他们和现实发生了激烈的冲撞，受到了"智囊团"所代表的现实的抵抗。但是，在未来我们将看到这一系列的动作对于组织的变革是多么有益。

## 第 2 部分 进化之旅中的重要里程碑

# 让高管团队一起参与

2015 年 9 月，我们与人力资源团队的卡尔罗（Carole）和帕特里夏一起讨论了加薪流程。我们决定回顾一下我们在该领域的做法以及我们能够借鉴的其他公司的经验。卡尔罗和帕特里夏要求我阐明希望通过该过程实现的目标。几个月前人力资源团队的经验丰富了我的思想，我得到了以下几点指引，并以此开启了讨论。

首先，厘清现实。高级管理团队成员必须对调薪流程的现状统一认识，这样我们才能批判性地审视这些流程，并共同建立一个新系统。

我有一种感觉，我们本身需要先来体验一下自己在加薪过程中的切身感受。为此，董事会的每个成员都需要有机会就其想要如何安排自己的加薪来分享一下各自的观点，并帮助开发新系统。然后，让这种切身体验来为赢得子公司经理的合作铺平道路。最后，再将流程扩展到其他 GT 运输的成员。

很明显，我们又开启了一段学习之旅，我们的经历很可能可以帮助公司。我负责监督这个过程。工资的确是一个非常敏感的话题，通常也很难冷静地对待。为什么呢？也许是因为我们与工资的关系取决于我们的个人背景。它始终是家庭、文化或宗教背景的一部分。而且，我们与工资的关系涉及两个最重要的基本需求：

* 安全需求：保障我们自己、我们的家人或我们亲近之人的生活。
* 认可的需求：对于许多人来说，我们把经理决定我们薪水这件事看作是其对我们工作的认可，而这又决定了我们对认可的需求是否能得到满足。

此外，工资也可能会揭开我们的伤疤，使我们重温某个困难时刻。确保调薪流程成功的关键之一，是建立一个清晰而明确的框架，并投入保证成功所必需的时间。

2015年11月上旬，我们会见了董事会成员以及卡尔罗和帕特里夏。我提出了我们可以使用的方法和框架。那天早上，我们把焦点聚集在每个人自己在调薪过程中的切身体验。为了帮助大家打开思路，我们每个人都首先思考了下面的问题：

"根据过去几年我在GT运输或其他地方的经历，关于工资调整这件事，

* 什么是让我感觉舒服的？
* 什么是让我感觉不舒服的？
* 我不想再经历或重温什么？"

然后，每个与会者都表达了他们的想法。这次会议遵循

"共鸣聆听"的原则,即当一个人发言时,其他人不讲话、不评判,并且保持唯一的目的:理解被分享的内容并为之感动。接下来,我们又花一些时间独自来回答以下问题:

"从我所听到的,

* 给我留下了印象或感动我的是什么?
* 对我有意义的是什么?"

每个与会者的贡献,尤其是当我说"我不想再一个人确定你们的薪水了",立刻引发了极富建设性的讨论。随着讨论的进行,我们逐渐找到了感觉,明白了我们到底想在加薪过程中收获什么,知道了我们想要通过加薪过程来分享的价值观和原则,尤其是透明原则。那天早晨,我们总结了整个流程接下来的步骤。下面我引用一些大家说过的话,来说明我们那时的心情:

* 我们走过了一条漫长而神圣的路。
* 言语简单明了,使我们能够轻松前进。
* 这最终揭开了金钱的神秘面纱,这对我们来说非常有力量。
* 重要的时刻!这将为公司打开许多其他领域。
* 引导师做得好棒!

关于最后一条评论,是因为高管团队允许人力资源部的两名同事来引导他们,这个"允许"本身就反映了我们的新工作方式。就在几个月前,人力资源部的这两名同事也亲身参与经历了同样的流程。

## 设定"公平"的薪水

2016年1月,高管团队开晨会,这次晨会也是由卡尔罗和帕特里夏来引导。会议的议程如下:

* 深度挖掘工资透明度到底包含着什么。
* 详细讨论加薪和"公平"薪水的意义。
* 研究公司高管团队的调薪流程。

我启动了会议,并提醒参会者,我们所面对的情形大部分是全新的。因此,这是一次"变革性"的学习经历,将对公司有利。我们精心准备了会议的结构,因为这对所有人都至关重要,所以需要我们投入全部的注意力。

首先,所有人的薪资清单被展现了出来,包括我自己的薪水。我知道必须以这种方式进行。该行为释放了一个明确的信号:一致性。这个清单带有注释,以更便于理解。每个人在逐一阅读后,都发表了自己的观点。这次的讨论也遵循"共鸣聆

## 第 2 部分 进化之旅中的重要里程碑

听"的原则，每个人平静而简单地表达情感。

之后，两位引导师邀请我们讨论以下话题："我认为我的薪水公平吗？""公平"指的是，"既可以让我过上正常的生活，又可以让我在薪水的话题上内心平和"。这是一个看起来简单但触及根本的概念。接下来，每个参会者都花时间自己思考。然后，我们再次全身心地倾听，全神贯注地讨论这个主题。大家的真诚和探讨的深度深深地感动了我。有些人会觉得很难表达自己和薪水的关系（有两名参会者坦诚，他们对薪水不满意，但不满意的原因各不相同）。而大多数人描述起来还是比较顺畅的。不管怎样，所有人都真实地分享各自的感受。事后大卫回顾说，这种"练习"对建立我们之间的新联结是多么有益，以这种方式了解彼此的工资并就这个话题深度交流，使得我们更投入和更有责任感。

然后，我们讨论了晨会的第三个主题："我们将如何确定我们的年度加薪？"

在开启本次会议时，我设定了我们工作的两个前提，这也是来自我们上次会议的结果：

* 每个人都负责任地进行自我评估。不再是"爸爸"来决定给大家加薪；相反，通过与同伴和员工的对话，每个人都要明确地提议自己的加薪计划。

* 我们正在努力建立当年要试用的流程。我们将从试用中吸取经验，以期改善下一年的流程。

因为先前讨论的高质量，我们的工作得以高效并顺利地推进。我们转变了对工资和年薪增长的旧观念。到晨会结束时，我们几乎完成了要试用的流程。但是，我们同意在试用新流程之前，先调整那两名认为自己的工资不公平的员工的工资。卡尔罗帮助他们来做这件事。

这需要花些时间，但同时，这也是又一次，我们披荆斩棘开辟出一条新路。这项工作以很有条理同时又很有责任感的方式进行。其中也有一些很微妙的时刻。在卡尔罗的帮助下，这两名员工能够全面地考虑自己的决定，并设定了对自己"公平"的薪水。2016年5月我们再次开会。这两名同事介绍了自己的工作结果，我们都同意他们的薪资调整方案。之后，我们开始按照2016年1月制定的流程来着手进行薪酬重估。流程非常简单：

* 会议前，每个人都要准备好上一年的报告，该报告需要融入跟他们有关的子公司经理以及同事给他们的反馈。该报告要参照每个人在2015年年初提出的发展计划，同时还要将他在高管团队的工作包含进去。

* 在会议中，每个人轮流介绍自己的报告，并提出自己想

## 第2部分 进化之旅中的重要里程碑

提高的薪水比例。

* 当一个人说完，每个同事都要对刚刚听到的报告提供反馈。这个过程每次都会引发建设性的对话，这种对话有个显著的特点：讲真话，没有敷衍。所涉及的事项固然千差万别，但都入木三分，这也反映出高管团队工作涉及内容的错综复杂。每个人都轮流体验了这样的时刻："我根据自己对这一年的回顾，负责任地提出我的加薪幅度。同时借助这个流程，我获益于同事们善意和严格要求的反馈"。这真是一个感人的时刻。

* 在所有人分享完后，我们留出一些时间允许每个人重新评估所提议的加薪幅度，以进行修改或最终确认。在收到同事们说他的自我评估过于苛刻的反馈后，我们中的一个人决定增加初始提议的加薪数额。

我们的结论是，早上的会议令我们感到非常满足并且充满能量。当讨论薪金这个极其微妙的话题时，我们经历了集体智慧的时刻。如果换作几年前，对我们来说这种方法简直是天方夜谭。但现在我们已经给自己提供了成功实施的方法。我们也投入了所需要的时间；从开始到结束，整个过程耗时近6个月。

我们的高管团队和公司刚刚到达了一个非常重要的里程碑。

> "确保每个人都可以在像与薪水一样敏感的话题上自由发表言论。"

卡尔罗

**人力资源团队的五个"先锋"之一，在这个新流程中，他为高管团队和子公司的经理让·马克提供支持**

当米歇尔要求我们在高管团队进行工资反思的过程中支持他们时，帕特里夏和我互相问了很多问题。为什么是我们？我们有能力做到吗？我们有这样做的信誉吗？

当然，依靠我们自己在人力资源团队薪资调整过程中的亲身经历，我们对高管团队会在这件事上经历什么，秉持友善同时严格要求的态度。

我们决定接受这份挑战。我们加强了跟高管团队成员的接触，以确保他们都想要并接受我们的帮助。

当然，克里斯托弗·乐·比安为我们提供了必不可少的支持，他让我们记得在每一次会前准备时，都确保会议不会脱离所设定的基本框架，因为这个我们和董事会成员一起设立的框架是成功的前提条件。

对我来说，这类工作的第二个前提条件是团队之间已经彼此了解，信任和体贴的聆听氛围也已建立。

除了准备每次工作会议之外,我们的职责还包括听取所有与会者的意见,并确保没有评判,每个人都可以自由地谈论这样一个敏感的话题。

我们还向高管团队解释,全然的体验是学习过程的一部分,在这个学习过程中,他们也将不得不接受自己最终得出的结果可能不完美,如有必要,整个流程也将被重新评估。

这对我来说是非常宝贵的经验,我在人力资源团队所积累的经验又得到了进一步的扩展。当让·马克要求我协助运营委员会团队时,我所积累的这些经验给了我信心,让我能够欣然同意引导有关薪水的主题。

我们与让·马克共同决定,用与高管团队大致相同的流程来开展运营委员会的薪资讨论。对我而言,这两个过程的唯一区别是,引导运营委员会是在"没有安全保护网"的情况下进行的,即没有克里斯托弗·乐·比安的帮助。

从2016年6月到2016年12月,这一新经历持续了6个月。它与以前的经历有所不同,因为每个小组都不同,需要我们调整姿态。

基于我们有关工资和薪资增长过程的经验,可以得出如下主要结论:

* 一开始，GT 运输的某些员工（即人力资源团队的成员），有勇气从一个新的角度看问题、有勇气进行实验……并成为小白鼠。简而言之：开辟一条新路。
* 高管团队愿意一改往日为他人做决策的角色，经历新的体验，并从中学习。高管团队自己勇闯火线，赢得了别人的信服，因而可以邀请到其他经理也开始对自己的薪资进行负责任的自我评估。
* 最后，经理们将这一流程拿来己用，用到各自的团队。
* 在整个过程中，我们确保了讨论过程中的诚意和深度。

基于这些工作，我们增强了各个团队、人力资源团队、子公司经理团队和高级管理团队之间的凝聚力。比如说，高管团队存在的根本性理由是什么？在迈向进化的过程中，我们学到了很多。

# 8
# 高管团队该做什么？

对于这样一个突如其来的问题，可能你一时不知该如何作答。但如果身处一家坚定地致力于转型的企业中，你迟早要找到勇气直面这个问题。高管团队不是高高在上、远离尘嚣的特殊团体，而是整个纷繁复杂的体系中一个重要的组成部分。你将在下文中看到，对新型的管理模式的需求，是如何在我们对分公司的管理实践中逐步显现出来的。从 2014 年 11 月到 2017 年 1 月，这个转型持续了两年多，是一个充满集体智慧的过程。同以往的转型一样，这次也没有人预先筹划这个转型，我们只不过是借助"勇气"，自然而然地推进了这个过程。在这里，我们对"勇气"的定义是：接受现实、审视自我、勇于创新。

## 重组分公司管理层

2014 年 11 月到 2015 年 9 月期间，9 名区域分公司经理中有 7 人更换了岗位。在下边的案例中，你将看到我们是如何在高管团队层面，当然也在分公司经理层面协同合作，从而成功地实现了上述重组。首先，让我们来看看引发重组的一些因素：

* 让·马克当时是 GT 运输西南大区总经理。在他的进取精神和活力的感召下，他所在的分公司迅速成长。可是，日积月累的工作压力给他带来了一些身体健康方面的困扰，使他不得不调动到一个压力相对小些的岗位上。

* 让·马克的一位同事除了负责他自己管辖的大型分公司外，还另外管理了一家"合作公司"，这家合作公司是我们最近和客户共同组建的分公司。在这样的情况下，同时管理两家公司的压力非常大，他很难做到高效。不过，他既不愿意放弃任何一家，也不明确表态他到底想怎么应对。

* 2014 年 10 月，我们通过商业法庭收购了一家公司，并任命了一名来自被收购公司的经理。虽然在公司收购过程中这名经理展现了高度的工作热情，但在后续的几个月中我们明显地感受到了他的力不从心。

* 我的一个孩子，马修（Matthieu），也加入了公司，我们任命他为分公司经理，让他在实践中成长。

## 第 2 部分　进化之旅中的重要里程碑

　　我们当时面临的情况很复杂，牵涉很多人，其中每个人的驱动力、愿望都随着各自环境的变化而变化着。负责领导分公司经理的大区运营总经理让·马克花了数月时间潜心研究公司的重组。他的重组计划在一次又一次的月度董事会上，被不断更新推行着。让·马克会在每次的董事会上，向大家汇报最新的访谈结果，并提出相应的重组建议。一段时间下来，这个重组方案开始有了雏形。我们基于公司的需求，努力在我们的渴望和员工个人的现实情况之间平衡。到 2015 年 9 月，包括分公司经理和他们的临时替代人在内，共计 10 人调整了岗位。如此大规模的岗位调整自我们从 1990 年公司创建以来是头一次。

　　在这次重组过程中，有一个和我们西南大区总经理让·马克有关的难题没能被攻克。虽然当时必须给他调换岗位，但我们却没有其他岗位可以提供给他。鉴于他在公司这么多年的工作和贡献，我们压根不会考虑发一张大大的支票然后请他走人。当时我们和他的谈话对他个人和对我们公司来说都是走向一个未知世界的开始。我们提出："让，我们希望能创造出一个既适合你又对公司有益的岗位给你。"后来，在公司创新总监大卫的协助下，让·马克开始从事探索、筛选新项目的工作。一些新项目被提议并进行了讨论，其中有一些和我们的业务关联性不大，从而被否决。最终，一个关于组建卡车司机临时雇佣职业中介的项目慢慢地被开发出来，而且最终被立项。

看到让·马克把一个我们讨论了多次但无定论的战略性方案落实成具体项目，并开始推进，非常让人欣喜。

## 强化董事会成员间的联结

到 2015 年春天的时候，转型已经活跃地推进了三年了。其间我们取得了一些实质性的进展：

* 更大的言论自由和更顺畅的交流。
* 成功的项目，如"自治团队""联合招聘"。通过这些项目，GT 运输的员工的自主权和责任感都得到了提高。
* 创新的企业文化已植根于日常运作。
* 我们共创了企业的核心身份，也就是说，我们清晰了企业的使命、价值观和抱负。

与此同时，我们的公司得以持续壮大，尽管当时的经济环境并不景气。我也告诉公司的高管们，是时候继续勾画我们的愿景，写下我们的"集体梦想"了。2015 年我们还召开了一次研讨会。我们在研讨会的第二天为"勾画愿景"这个项目安放了奠基石。研讨会的第一天，我们用来强化董事会成员间的联结，也就是说，强化我们之间精诚合作、互相信任、高效工作的能力。

这是一个充满挑战的过程。公司的转型要求我们每个人都大踏步地调整和改变。历经两年的转型，我逐渐意识到，团队中的每一个个体都能在一定的情况下促进转型，也能阻碍转型，这在很大程度上取决于我们之间的联结程度。一方面，我看到了大家对转型的配合和投入；另一方面，有时我也感受到一起顺畅地工作是有难度的。在跟弗雷德里克·莱卢的一次对话中，他帮我看清了现状。他说："一般来说，开会是每个人的'小我'以很受宠的方式跳出来表现的时机。"的确，我们各自的惯有模式的确给高管团队之间的协作造成了阻碍。

现在，大家一起来看看，我们在2015年的那次著名的研讨会上究竟采取了什么措施来跨越这个阻碍。

首先，我们借助MBTI性格测试来了解每位董事成员的性格特征——这帮助我们加深了对彼此的理解。在一位顾问的协助下，我们每个人都总结出了一份完整的个人资料。这个性格测试工具基于精神学家卡尔·荣格（Carl Jung）的研究结果，可以很好地帮助我们理解团队成员之间的性格差异。性格差异源自我们每个人的"偏好"，也就是我们在不假思索时的行为倾向性，这些偏好又被组合成我们性格的四个维度，每个维度又有两个方向。

# MBTI 性格测试

## 1. 动力

根据荣格的观察,当人们集中精力于某事、获取新力量,或者提升能量水平时,会对下面的两种方式之一带有倾向性:

* 外部环境:人际交往、生活经历和活动
* 内心世界:思维、记忆和情感

他将这个维度的两个方向分别定义为"外向"和"内向"。

## 2. 信息收集

人们倾向于用下列方式之一来获取信息:

* 感觉:这种类型的人倾向于真实、确切的信息和客观现实。他们依靠个人经历来做判断。
* 直觉:这种类型的人喜好宽泛的大致轮廓和宏观大局,他们善于寻找未来的可能性。

## 3. 决策方式

人们以下面两种模式的一种来做决定:

* 思考:这种类型的人关注某一选择或行为可能带来的逻辑后果,然后决策。

## 第2部分 进化之旅中的重要里程碑

> ＊ 情感：这种类型的人在决策时考虑什么对自己，以及受其决策影响的人最重要。
>
> **4. 生活方式**
>
> 分为以下两种：
>
> ＊ 判断：组织、计划。
>
> ＊ 知觉：灵活机动、随遇而安。

毋庸多言，如何有效地、建设性地充分利用这些差异对我们所有人来说都是一大挑战。本能会驱使我们不自觉地优先考虑自己的那些"偏好"，也就是那些在 MBTI 报告里我们自己所展现出的"偏好"；本能也会造成我们很难面对别人的"偏好"。这种天性使然在信息获取和决策的时候表现得更为突出。理解并认识到这些行为特征可以帮助我们接受差异，而不是被差异激怒。在决策过程中，相反的偏好反而能互补，彼此制衡。MBTI 很有用。比如说，两个"外向型"的人在一起会谈得很随性，不过很有可能会替"内向"的人做主。认识到这一点以后，在会议上我们也会有意地平衡分配发言时间，虽然今天我们会把这些当作彼此打趣的笑料。

性格分析过程结束以后，我们所有人和克里斯托弗·乐·比安一起开了个研讨会，他主持了会议。我们对这个会议充满信心，很放松，同时也很清楚，无论对于个人还是对于公司来说，即将进行的事情对我们有多重要。实际上，当你从含糊其辞转变为坦率直白，从讳莫如深转变为畅所欲言，一种非常高的能量就会在群体中释放出来。但是，这也是一个比较微妙的过程，我们需要绝对的友善和真实来"评判"我们的同伴。克里斯托弗为我们设定了一个非常清晰的共同遵循的规则框架，让所有参与者感受到必要的心理安全。

会议一开始的时候，就让每个人独自思考，针对每个在场的同事，回答以下问题：

* 我欣赏你什么？
* 我对你的哪些方面不是很认同？
* 我想向你要求些什么？
* 我能为你带来些什么？

在每个人独自思考完毕后，开始表达的环节。我们当中的每个人都轮流地坐在倾听的位置上，听在场的其他同事对自己的表白：他们眼中的我是什么样子，他们建议如何改善我们之间的关系。在听完所有人表达之后，倾听位置上的人和大家分享他在倾听接纳过程中的感受，以及听到大家的表白对他的触动影响。

对有些人来说这个过程比较艰难，而对于另外一些人来说非常愉悦。整个过程非常热烈，我们可以对交流的质量和深度有清晰的感受。而且，我在上文中提到的友善和真实的态度也在讨论中得到了深刻的体现。

交流的结果与我们的付出成正比，我们达到了高效的关系、彼此的信任。

我始终相信我们在那一天的体验，让我之前提到的工资改革变成了可能，也使勾画愿景项目获益匪浅。

那次活动使我们能够继续反思高管团队存在的意义，从而实现最终的转型。

## 将运营委员会定位为转型的关键驱动力

董事会和运营委员会——由运营分公司经理组成的团体，是公司运作的中心。这部分人对公司大事做出决定，或者确切地说，公司大事的决定权曾经在这部分人手中。之所以在这里用"曾经"两字，是因为决策权的归属正在公司中发生变化，我们正逐渐从等级管理制度过渡到群策群力的运营方式，除了要做好本职工作之外，每个人都有可能被要求跨职责承担工作，这也是转型的一部分。

传统的组织结构的确给了一部分人安全感，但越来越无法满足公司实际运作的需要。我们试行了一些做法，要求员工为自己负责。比如,"运营经理们"——他们协助分公司经理,已经习惯了每季度见面,一起讨论他们认为很重要的具体话题。他们非常重视"共同成长"项目赋予他们的使命,下定决心做出实质性工作。不经意间,他们就用活力四射的提案和时不时尖锐的提问把我们沿用已久的等级管理模式改变了。

此外,因为交流顺畅了,我们决策过程的讨论也愈发富有建设性,GT运输员工之间的关系也越来越简单。与此同时,对真相和务实的渴望也引发了高管团队成员的思考。其中有两位高管团队成员在不同场合下分别提到过,高管团队和运营委员会是公司里最一成不变的机构。说到这个的时候,他们并没有带着任何不满情绪,而是展现了非常清醒的认知。两位高管都表示,如果想要言行一致、统一标准,我们就必须重新审视领导团队是怎么运作的。

在那个时期,公司内部存在着一个矛盾的现象——分公司经理们作为个体都非常积极地参与到转型中,而作为他们的集体组织的运营委员会,却松散到几乎不存在的状态。每次在总公司碰面的时候,分公司经理们都似乎完全服从总部的想法,而运营经理们则倾向于提议和质疑。因为这个现象一直存在,所以我们知道这个问题不在于人,而在于我们对等级运营结构一贯的集体认知。就像每个人都认定了这样的准则:"我管理区域分公司的时候,我来做决定;但当我在总公司的时候,让管理层来做决定。"在这个话题上,我们触及什么是错综复杂。我们不再是要为他人带来改变,而是要自己活出这种变化。

经过和大区运营总经理让·马克以及其他高管团队成员的讨论,我们一致决定,我将在2015年9月和分公司经理们会面,一起明确我们面临的挑战:

* 如要推进转型,我们必须重新审视自己的管理体系。
* 新的角色会在转型过程中诞生,尤其是在分公司经理层面上:
  ——分公司的运营管理层。
  ——推进转型和业务发展的横向使命将衍生出来。
* 分公司经理们将成为承载变革关键推动力的群体。

为了协助分公司经理们适应上述重大的角色转变,我们建议他们在外部顾问的协助下,聚在一起进行交流,共同组建形成一个"集体",以此成为公司变革的推动引擎。

同时,高管团队成员把重心放在公司运营管理的转型上。在强化高管团队成员之间联结的工作过程中,以及调整薪酬的工作过程中,我们意识到自己就处在这场变革的中心。在这个时间点上,我们非常清楚地看到,甚至迫不及待地想要开启下一个新阶段,我们已经准备好了去质疑、重塑我们管理公司的方式。

## 开拓新的管理形式

2016年,我们组织了一场面向高管团队成员、分公司经理,以及两位商务总监的研讨会,为期两天,共计20名与会者。由克里斯托弗·乐·比安负责引导,同时我们也得到了凯家衣(KIABI)的总经理尼古拉斯(Nicolas)的帮助,他的亲身经历极大地鼓舞了我们。在宣布研讨会开始时,我重述了公司变革背后的意义,并重申了我们已经开始了本质上的变革。

> 我们即将开启一段新的旅程。如果我们想实现在此前研讨会上定下的目标,就必须彻底地重新审视GT运输的管理方式。是时候把我们自己从等级思维的管理方式中解放出来了。这个等级思维彻底控制了我们的头脑,使我们对其所导致的百依百顺和反叛行为视而不见。
>
> 高管团队和成立于2012年2月的运营委员会圆满地完成了过去那个时代赋予它们的使命,但现在,它们已不再适应我们即将迈入的新时代,甚至还成了公司转型的阻碍。今天,我们汇聚一堂,一起探讨如何创建一种新的管理模式、一种新的运营策略——我们有自由来做这件事,我们也有责任这么做。

## 第 2 部分　进化之旅中的重要里程碑

> 我们应该如何组织我们的团队才能帮助 GT 运输成长、转型，并实现我们在研讨会上确定的愿景呢？什么能够帮助我们每个个体发挥自己最大能力实现各自的使命呢？什么最有效地促进我们彼此间和我们周围的人发挥集体智慧呢？

由于当时我们正在从长远发展的角度深刻地审视自身的运营管理，所以在讲话的最后，我提到了我们的使命、价值观和抱负，由此确立我们工作的框架和目标。尼古拉斯——这位具有非凡的生活体验和职业生涯的凯家衣总经理给我们带来了一场精彩的演讲，鼓励我们更加大胆地前行。为期两天意义非凡的研讨会大幕由此拉开。

首先，我们以传统方式有针对性地重新审视我们的机构，探讨哪些因素是高效的来源，哪些因素拖了我们的后腿限制了我们的发展。我们分成若干个小组来讨论，这样的沟通和交流很有成果。然后，我们借鉴尼古拉斯的经验和我们讨论的结果，又一起来勾画愿景，探索我们希望用怎样的方式来管理公司。就像我们在面临任何创新的时候一样——整个讨论过程都很热烈，有时让人兴奋不已，有时也遇到很多困难。

在这两天中，我们整理出了很多用来构建新型管理模式的材料。和克里斯托弗·乐·比安一起,我们建议由一个小组负责总结工作,然后汇报给所有人以获得最终批准。我们也确定了在2017年试行这个新的管理体系。以下是该体系的基本框架:

* 管理变革的目的如下:
  ——允许每个员工在其职责范围内,根据其使命及各自的发展计划,自主、自信、大胆地做决定。
  ——帮助员工自我实现。
  ——创造经济价值。
* 所建议的管理体系旨在实现"权责自主"。这项变革对整个公司包括分公司和支持部门都有影响,是"共同成长"的一部分,还有助于将公司的愿景付诸实践。与所有GT运输的员工息息相关,每个人都被邀请肩负起一个角色。这种管理方式以公开、信息共享为基础,公司内部沟通顺畅是整个体系的重心。
* 传统的等级管理模式正在全公司范围内受到挑战。我们也对决策环节和决策机构进行了彻底的评审。下面描述的决策机构将会取代高管团队和运营委员会。我们的目标是建立信任的文化,让所有GT运输的员工敢犯错、有权利犯错。我们还要通过"协作求解法"来开发集

## 第 2 部分 进化之旅中的重要里程碑

体智慧。这些管理的原则并非定下来就一成不变,而是将会定期对其进行重新审视,与时俱进。

接着,为了促进理解,我们还规范了术语,统一使用共同的语言。

然后,我们提醒自己,我们的选择是创建一个像弗雷德里克·莱卢在《重塑组织》一书中所描述的那种"负责任的决策方式"。根据"权责自主"原则,决策应该由那些最贴近客户的人做出,由那些为客户服务的 GT 运输的员工做出。因此,我们想要推行"负责任的决策方式",即让员工在其职责范围内自行决策,而在做决定前员工有责任向以下人群进行咨询,并认真研究其决策可能带来的后果:

* 会被该决策影响到的群体的观点。
* 在该决策主题上有专业能力的专家的意见。

负责地做决定就意味着要充分考虑到自己的团队、他人,和其他集体规则。

同时,明确划分每个人的责任范围也非常有必要,具体来说包括:

* 现场工作人员(司机、订单处理员、机械师等)。
* 团队经理或者团队领导。

* 负责运营的经理。
* 维修经理。
* 分公司经理或者支持部门的领导。

最后,让我们来描述一下这个负责运营管理的新生机构。

领导委员会(Leaders Commitee)代替了高管团队,负责协调践行愿景和战略。领导委员会的最大不同之处在于其构成,运营经理和其他战略方向的领导们被纳入其中,他们被赋予了更重要的角色。目前,领导委员会共10名成员,包括我和马修在内,构成如下:

* 从勾画愿景过程中产生的四个战略方向(见下章)的负责人。
* 从分公司经理中选出的两名代表。
* 从支持部门领导中选出的两名代表。

每年,分公司经理和支持部门领导选出他们的代表。领导委员会每三个月集中在一起开两天的会,平时则以电话会议的形式来推动各项目的进展,并应对突发事件。我们还计划每年召开一次大会,邀请所有分公司经理、支持部门经理、两名商务总监、每个业务部门的一名代表参加,对公司重点关注的愿景、战略和组织进行信息更新。

## 第 2 部分　进化之旅中的重要里程碑

为了强化公司管理,我们还新创立了若干非决策部门,负责向领导委员会提供调研信息,就重要事宜提供咨询。这些团队是动态的,根据各自成员的需求来安排自己的工作。总的来说,他们是各项提案的信息来源,而且影响我们对事情的看法。这些团队有的是常设的,还有一些是根据项目需要和特殊职能临时设立的。

公司管理模式的进化改变是领导者意识觉醒和集体工作的成果。其中最大的收获也许是让员工看到了管理结构不是改变不得、触碰不得的;恰恰相反,它们是为了实现公司愿景而存在和改变的。

# 9
# 书写集体梦想：勾画愿景

在2015年4月的研讨会上我们决定开始勾画愿景项目。但"勾画愿景"对我们来说究竟意味着什么呢？勾画愿景是公司为了规划未来而采取的一项措施，以确保公司在复杂多变的环境中保持长盛不衰。

> 愿景为工作团体描绘出一个所有人都愿意追寻的理想未来，借此来揭示共同的梦想。它必须是非常明确和具体的，这样才能让所有人都明白自己每天该如何贡献以帮助实现愿景[1]。

勾画愿景的过程是公司用来聆听自己的"进化宗旨"的方法之一（参见弗雷德里克·莱卢的著作《重塑组织》）。

2012年GT运输做出了通过"共同成长"计划实现彻底转型的决定。2014年，在向着转型前进的道路上，我们致力于弄

---

[1] 迈克尔·多伊尔（Mickael Doyle）。梅里姆·萨吉（Meryem Le Saget）在《直觉管理——迈向合作企业组织形式》一书中引用。Dunod出版社，2013年。

清楚公司的身份（即公司的定位），明确公司的使命、价值观和抱负。2015 年，在确立了构成公司身份的核心元素的基础上，我们开始了勾画愿景的过程。下边让大家一起来看看已成为我们战略决策后盾的愿景是如何被引入的：

→设计流程
　　→调研阶段
　　　→草拟愿景宣言
　　　　→实施

## 设计流程

在正式启动勾画愿景这个项目之前，我们先探讨了一些至关重要的先决条件。

首先是参与者的范围。勾画愿景这个工作可以由公司总裁单独来做，或者由总裁和高管团队成员一起来做，也可以把参与群体扩展到经理级别，甚至更大。其实在 2008 年的时候，高管团队和分公司经理们曾经试图勾画过愿景，但没过多久就失去了前进的动力。主要是因为包括我自己在内的高级管理层还没有做好准备。现在，借鉴我们在转型道路上已经取得的成果，我们决定这次邀请所有 GT 运输的员工一起来勾画愿景。

所有有意愿参与的员工，我们都热烈欢迎。在 2014 年的启动大会上，当探讨公司身份（即定位）的核心元素时，我们已经深刻体会到了这种动员的威力。

既然要全员参与，我们就必须非常重视沟通和交流，以便更好地激励大家参与到这个过程。特别是我们需要给大家提供简单明了的提纲来说明勾画愿景的意义和目的。同样，高级管理层的参与也至关重要。我和高管团队成员们一起开发了这个项目的流程，并因感受到他们异常的投入和热情而倍感欣慰。

最后值得一提的是，勾画愿景过程中最重要的环节之一就是它必须参考外部现实。这也是调研环节的目的。在 2016 年春天的一次大会上调研工作终于开花结果了——我们整理了"调研员"的调研结果，开始撰写愿景宣言。

2015 年 6 月，大家又集中在一起，最后敲定整个流程。大家一致同意每个人都邀请一名来自 GT 运输运营分公司的员工一起参会，以扩大我们的工作组。会议的议题主要集中在调研上。

## 调研阶段

调研阶段的目的在于为起草愿景宣言做准备。我们用了大约 4 个月的时间来调研，即从 2015 年 10 月底到 2016 年 3 月初，这期间我们花了大量时间研究自身所处的外部环境，并围绕下列主题来收集结构化的、有价值的信息：

* 什么有助于我们理解当前存在的问题
* 什么是可能的
* 什么是不可能的
* 什么是我们坚信的

为了回答这些问题，我们访谈了许多人，也访问了许多公司，我们邀请他们分享经验，了解他们的看法和工作成果。我们还选定了一些主题开展问卷调研，并在自己的社交圈内寻找任何可能有帮助的人来参与调研。当为调研阶段做准备时，我们被这个流程的简单、富有吸引力而且便于所有员工参与所激励着。

我们决定探讨下列七个主题：

* 数码科技：数码科技给我们的行业带来的冲击。
* 倾听客户声音：拜访客户并和他们探讨各自的未来。
* 我们的根给了我们飞翔的翅膀：研究我们的历史，给愿景提供借鉴。
* 走向幸福之路：自由的企业和员工身心健康。
* 可持续发展：未来如何更环保地开展工作。

* 借鉴供应商和合作伙伴的经验
* 走向国际化

在调研阶段，很关键的一点是把我们的目标以及实现目标的方法设定好。因此，针对每个主题，第一步都是针对存在的问题清晰地发问。首先，我们要明确需要对哪些问题做出回答，然后就自然而然地有了答案。我们用以下这些问题作引导，工作组也是用这些问题作为他们工作的起点：

* 什么促使我们探讨这些主题？
* 什么能帮助我们实现目标？我们会有什么收获？
* 如何衡量我们是否实现了某一目标？
* 哪些部门和群体会受到这项工作的影响？
* 我们可以依赖谁？
* 我们有什么资源？
* 我们该怎么给自己设置时限？
* 我们必须遵循什么规章？
* 这个领域或相关领域里存在什么成果？

上述问题一旦被明确以后，就可以开始探索答案了，那些具有生命力的材料也就会自然呈现出来，所有的这些也就会成为愿景宣言的初稿。

## 第 2 部分　进化之旅中的重要里程碑

调研之初，我们设定了调研的组织运作形式。我们成立了几个调研小组，每个小组针对一个主题进行调研，并由一个带头的协调员、一个由三到四人组成的协助协调员的核心团队，和若干调研员组成。

对于核心团队及协调员的人选，我们采取志愿参与的方式。在 2015 年 6 月 5 日的那次会议上，分公司的经理们和其他参会人员提交了一份可能有兴趣参与调研的人员名单。只有对调研课题感兴趣并具备协调调研员工作能力的人才能被提名为协调员。在人员筛选上我们确保参与人能代表所有部门和岗位。

协调员很快就产生出来了；他们对这个探索阶段的成功与否起着决定性的作用。每位自愿担任协调员的志愿者都事先与自己的直线经理进行了沟通，以保证他们能够在调研的四个月里投入必要的时间和精力来协调调研工作。在正式开始前，协调员们都参加了为期一天的培训，为调研做准备，并且也讨论了他们如何组织自己各自的调研小组。每位协调员又邀请了其他三四位成员组成了"核心团队"，共同为调研做准备以及协调调研日程。

在调研过程中调研员的人数时常变化，这个岗位有时是临时的，有时是长期的。在整个过程中，共计有 300 人参与了调研。我们不断重申的一个原则是，任何人如果有意愿对任何调研小组出力，我们都大力支持，但要兼顾公司的地理位置和日常运营的需要。当货车司机志愿参与某个调研项目的时候，该小组的协调员必须和运营经理们沟通，确保不影响业务运营。

我们的目标是最大限度地吸引志愿者，鼓励他们参与到调研过程中来。当时各个小组的目标是调研任何有可能激励我们"步入未来之旅"的事项。我们通过着眼于公司外部，以与他人会面的方式倾听他们的经历、现实情况，然后撰写报告。这份报告的内容和形式可以帮助日后愿景宣言的起草。每个小组都单独开展调研工作，但在必要的时候也能通过协调团队来获取帮助和支持。

分公司经理们在彼此之间达成一致，都同意仔细研究如何将这个阶段很好地呈现给各自的管理层，以及所有参与公司变革运动的同事们。在调研阶段，交流和沟通的目标是宣传勾画愿景这个项目，以及吸引志愿者参与。每个调研小组都在公司内网上开辟专栏，对各自开展的调研项目进行信息共享。兴奋和雀跃之情在公司随处可见，这种高涨的情绪从2015年10月开始，一直持续到2016年3月11日——我们召开全体大会的那一天。

2016年1月底，公司高管层和调研小组的协调员们以及负责协调、准备全体大会的工作组一起开了个会。会上大家很欣慰地发现，到当前为止所收集到的信息非常有价值，而且我们还有一个半月的时间可以进一步调研。于是每个小组开始整理信息、收集反馈，以便为愿景宣言筛选出最有价值的信息。调研阶段最后，也即最关键的一步，是总结信息，结合现实情况来评估收集的信息，并为最后的报告做准备。设置这个环节是为了确保只有有价值的信息才被最终纳入报告里。

## 草拟愿景宣言

2016年3月，为期两天的全员大会安排得非常简单。第一天我做了简短的欢迎讲话，再次回顾召开这个大会的目的，说明我们勾画愿景的项目将如何整合到公司的变革中。然后，会议主持人克里斯托弗·乐·比安就如何开展这次会议为与会者做了说明。

140名与会者分坐在一张张圆桌边，每桌有7到8人。第一天，我们定时调换座位，让大家可以融合在一起。七个主题调研小组分别为与会者做一场20分钟左右的演讲。每个小组都在演讲上下足了功夫，每个演讲都那么引人入胜。很难用短短的几句话来表达那天所展现出的想象力及创造性。调研小组的演讲和小组活动交叉进行，以便让参与者充分消化他们听到的信息。同时，会议中也定期地开展了全体范围内的讨论。

第二天，我们用反馈来暖场，前一天宝贵的工作成果以关键词的形式呈现在整整一面墙上。出现频率最高的词语包括"客户"、"数字化"、"司机"、"价值"、"货车和可持续能源"和"国际化"。我们通过回答一系列问题来起草愿景宣言。对于每一个问题，与会者都围在他们的桌前展开讨论，然后由一名代表用短信发送他们讨论的结果。那天，指引大家讨论的问题如下：

* GT运输怎样才能独树一帜？或者如黑马般异军突起？对于这个问题我们收到了179条回复，并按照下列关键词来分类："业务"、"客户"、"司机"和"培训"；还有个新造出来的词"商务司机"，是"商务"和"司机"合并一起后出现。

* 截至目前，在我们的组织内部和运营过程中，都经历过什么样的积极的转折点？159条对此问题的回复集中在"自治""数字化"，有关高管团队话题的"等级模式进化"也被多次提及。

* 员工、管理风格和公司文化现已成为确保GT运输战略成功尤为重要的因素，这一现实是如何体现的？121条回复涵盖了众多的答案。

第 2 部分　进化之旅中的重要里程碑

* 这一年我们第一步应该做什么？175 条非常具体、有针对性的回复集中在"培训"、"分公司运营"和"为沟通服务的数字化工具"。"高管团队"也榜上有名。

在第二天的会上我们一共收集了 660 条信息。在这里，我只想摘抄下面这条，因为这条信息完美地体现了与会者的丰厚贡献和深度参与。

> "每个员工都有权利自主地和负责任地去修改原始计划，以回应客户提出的超出合约范围的需求。他可以自行决定回复客户行还是不行。他管理他的客户档案，他开出发票。他能根据所拥有的信息来决定价格，并和客户讨价还价。"

这段员工的评论值得我们探究，我们也的确对其进行了讨论。很可能这名写信息的员工从未听说过什么是"权责自主原则"，但却对其进行了非常精辟的解读。

星期六，当我们散会的时候，每个人都感到很疲惫，但同时也激情澎湃。我们一起经历了非同寻常的两天——GT 运输员工们的众志成城和研讨会的热烈气氛让这两天变得与众不同。我们一共收集了 2000 多条可用于勾画愿景的留言。接下来，对留言的深度探索更是充满了挑战性。

> "能和大家齐聚一堂探讨公司的未来，
> 实在是太好了。"

扬尼克，
起重机驾驶员

在勾画愿景的过程中，我是可持续发展项目调研组的成员。作为调研活动的一个环节，我们参观了天然气展会。在展会上，我们意识到沼气配送站的缺乏可能会带来潜在的问题。而且因为本身就对所有与科技和卡车相关的东西很好奇和感兴趣，所以我对于探索未来能源这个课题尤其乐在其中。后来，我在研讨会上给同事们进行演讲，这让我对参与这个项目感到无比自豪。会场的气氛无与伦比，充满了非同寻常的能量和热情。能和大家齐聚一堂探讨公司的未来，实在是太好了。

---

**其他一些有助于研讨会成功的因素**

下面列出了为研讨会助力和促进集体智慧大爆发的其他因素：

> ✻ 我们的一位客户前来分享了在他眼里我们公司的今天和明天。
>
> ✻ 第一天会议结束的时候,一个小型即兴表演剧团以小品形式幽默而优雅地展示了他们所观察到的我们当天的小组活动。我们一边自嘲,一边对当天所学到的东西加深了理解。
>
> ✻ 一位视觉会议记录者以她自己的方式,画出了我们那两天的经历。
>
> ✻ 研讨会的最后,与会者集体创作了一幅壁画,来反映自己在这次"探险"中学到的东西。
>
> ✻ 我们聘请了长期合作的摄影团队对整个研讨会进行录像,好让没能参会的同事也有机会感受研讨会的氛围。

## 实施

研讨会一结束,我们接着就安排了一个工作坊(在2016年3月24日),主要邀请了运营分公司的八个人参加。在克里斯托弗·乐·比安的协助下,我们开展了总结工作,以期起草出愿景宣言的初稿。那一天进行得井然有序:

* 花些时间将每个人融入到这个工作坊团体中，每个人简要地对前面参与的研讨会就个人体验做出反馈，以让每个人充满能量。
* 每个人逐条、深度地再次阅读从研讨会获得的信息。
* 通过几天的对话以寻找共同特征。
* 勾画出接下来的工作步骤，旨在全公司范围内推广。

很快，跟研讨会一样的激昂情绪又被重新点燃。我们拿出时间，重温研讨会期间收集到的有用信息。因为收到的评论数量很大，整个总结过程进行得紧锣密鼓，没有任何中断。我们很清楚，我们必须提炼出最重要、最有意义的信息，以描绘出此后十年公司面临的发展和蜕变。每个参与者挑选出对自己最有触动的评论，把其代表的意义写在即时贴上。然后，我们就即时贴上体现的主题展开了讨论。即时贴铺满了整面墙，我们逐渐将其分类，一些主题就此清晰起来：

* 员工最喜欢的运输公司。
* 司机是我们的强项。
* 和客户共同创新。
* 国际运输在 GT 运输商业活动中占据了很大的分量。

根据以上四个主题，我们分成了四个小组深入讨论其涉及的内容。伴随着讨论过程的展开，我们从"良好的愿望"过渡到了落实愿景的具体方案上。工作坊的最后一个环节就是确定下阶段工作内容，以便在全公司范围内落实愿景。

这次工作坊之后的几天，由两个人负责整理我们的工作成果。经过大量的邮件往来之后，我们确定了最终的愿景宣言。这个宣言涵盖了下列四个战略方向，是对公司的发展进行布局。随后我们成立了四个工作组，分别针对每个战略方向的工作计划进行提案，从而落实我们的十年规划愿景。

## 1. 工作环境中员工的身心健康

第一个方向部分地反映了我们的抱负："做国际上员工和客户最喜爱的运输公司。"也就是说，GT运输在发展的同时保持和进一步提高员工身心健康和自我绽放。尤其是包括这两个方面：顺畅的公司内部交流，以及采取任何有助于提高员工职场和个人生活质量的措施。

## 2. 与客户共同创新

这个方向自然而然地与我们的使命相一致："借助与客户构建持久、以人为本、创新进取的关系，陪伴我们的客户实现更好的绩效。"作为构建持久互利合作关系的一部分，我们通过向客户提供创新的解决方案来实现这一目标。也就是说，这要求我们在与客户工作过程中充分利用集体智慧。

### 3. 司机：我们的优势

鉴于公司绝大部分员工都是货车司机，我们尤其强调司机是我们组织的核心。司机拥有自主权和能够单独做恰当决定的能力确保了我们的服务质量。同时，司机也是我们构建商务关系的主要渠道。在分公司经理和支持部门的协助下，司机们获得了科技、IT和环保方面的最新知识，从而实现其使命。无论是在业务开展还是信息系统方面，这一战略方向对我们组织的影响都是最大的。它遵循权责自主原则，并且在运营管理的发展上已经明显地展现出了影响力。

### 4. 走向国际化

当前，GT运输仅在法国国内运营。但同时，我们也正在为第一次走向世界作准备，目前计划是将业务触角伸向德国。我们最大的可能性是收购某公司的股份，或者与某个公司共同创建合资公司再派驻员工。基于对国际环境的仔细研究，我们正在调动资源以支持已有的海外客户。

毋庸多言，我们一边策划着将愿景转变成实际行动的方案，一边在公司内宣传及贯彻愿景。首先，我们制作了一刊"绘本"，用来展示GT运输未来十年的愿景，这个绘本深入浅

## 第 2 部分　进化之旅中的重要里程碑

出地描述了愿景将如何影响我们个人的公司生活。之所以叫作"绘本"，是因为它确实是一本书的形式，但其排版、图文设计，以及如何将各个主题和图片进行组合的方式，都使得这本书变得极其浅显易懂，即使是平时不读书或不喜欢读书的人都能轻松阅读。2016 年 10 月到 12 月期间，GT 运输的部分员工轮流在全法范围内跑了 26 个公司站点，每到一处我们就会向当地员工发放该绘本。每次的站点访问都像一次热烈的重逢和聚会，站点所有当地员工都受邀参加。

上文已经简单地提过，十年愿景是如何促进了 GT 运输的成长和转型的。伴随着强大的务实精神和昂扬干劲，转型的势头已经在分公司和支持部门当中得到扩散。和以往由高管团队对公司的成长和未来负责不同的是，现在挑起大梁的是 GT 运输的员工们，而且这个群体还在不断扩大。这也是这个转型过程带来的重大转变。转型过程使我们明确了应该如何以非常务实的方式运作公司，并不断激励自己前行。当面临重大决策时，我们都会问自己，该如何围绕愿景来决策？或者问自己，我们该如何倾听公司的需求？对我个人来说，也就意味着：作为 CEO，我怎样才能更好地理解公司的需求？

# 第 3 部分

## 普通人和老板：当角色转换时

# 10
# 公司和 CEO：谁改变了谁？

很多年前，我在"青年企业主协会（缩写简称 CJD）"①时，曾经加入了该协会的一个"经济与社会"话题的研究工作小组（缩写 GRES），这个工作小组是青年企业主协会的核心组成部分。我们通常用两年左右的时间来对某一课题进行深入研究，特别是会参访对该课题做过研究的各个领域的人。我们出版了研究的一些内容，比如《企业主：内在的探险旅程》②。商业领袖、前任 CJD 主席、现任法国 SoL 协会主席③杰克·施奈兹（Jacques Chaize）也在同期出版了《自内而外开启变革之门：企业的三大变化》④。杰克·施奈兹的这本书、我在 GRES 的经历，以及我作为"基督企业家和管理者协会"（Christian

---

① http://cjd.net
② 《企业主：内在的探险旅程》，青年企业主协会（缩写简称 CJD），内部刊物第三期。
③ SoL France，(learning transformation network)：http://solfrance.org/ solfrance
④ 杰克·施奈兹（Jacques Chaize）.《自内而外开启变革之门：企业的三大变化》(*La Porte du changement s'ouvre de l'intérieur：Les trois mutations de l'entreprise*)，CalmannLévy 出版社，1994。

Entrepreneurs and Directors-EDC)[1] 会员的活动都在很大程度上激励了我，也塑造了我管理公司的方式。

近几年来，通过和其他致力于企业转型的商业领袖们会面，阅读具有启发性的作者的书籍，比如，弗雷德里克·莱卢、艾萨克·盖茨[2]，再加上自己的个人经验，都让我相信，企业或任何一个组织的进化都和其领导者的个人成长密不可分。

## 总经理的信誉

需要先澄清一点，当我提到我们公司的"总经理"的时候，指的是辅佐董事长 CEO（"老板"）的人。

我有一个朋友，是一家家族企业的继承人和 CEO。他喜欢把波尔多的总经理们比喻成"着装精美，并有一位富有智慧的祖父的人"。虽然这个定义有点狭隘，但我也基本赞同——虽然我并没有特别在意自己的着装。我和我哥哥也有一位富有智慧的外祖父，但我们的外祖父远不止智慧这一点——无论是他激昂的创业精神还是他的人格品质，都深深地影响着我们。我

---

[1] http://www.lesedc.org
[2] 艾萨克·盖茨（Isaac Getz），布莱恩·M. 卡内（Brian M. Carney），《自由与企业》(*Liberté & Cie：Quand la Liberté des salariés fait le bonheur des entreprises*)，Fayard 出版社，2012。

## 第 3 部分　普通人和老板：当角色转换时

哥哥埃里克和我的职业生涯都深受外祖父的影响。

1914年8月，第一次世界大战初期，我的外祖父18岁，是步兵部队的二等中尉。当时他和他的战友们并不知道自己生还的机会微乎其微。1916年1月，我的外祖父身负重伤，一年当中不断地被转院、接受治疗。此后，由于身体状况不再适合当步兵而被遣散之后，他报名加入了刚刚成立的空军部队，作为飞行员继续战斗。四年艰辛的时光烽炼了他对生命的信仰和执着，以及一种强大的能量，这种信仰、执着和能量一直伴随着他直到1978年逝世。1919年，他创立了自己的公司，此后一直都在经商。1946年，他创办了GT运输的前身——波尔多驱动总公司。就像众多的企业家一样，他也想把财富世代相传，但我们的外祖父母唯一的女儿，嫁给了一位医生。我外祖父告诉他的亲朋好友们，他会在公司坚守岗位，直到有孙辈来接手公司，继承他的事业。我的外祖父非常幽默，他的朋友们都觉得他讲的笑话独具个人风格。其实，不仅仅是幽默感，他是在表达对生命坚定的信念。

后来，我的外祖父将他在管理方面的技巧传授给最大的外孙——我的哥哥埃里克。公司创始人和孙辈之间的交接始于1978年。由于疾病的困扰，外祖父决定退居二线，于是，他带着充分的信任离开了工作岗位。

当时，我正在一所商业学校攻读学位。我很明确地对家人和公司表过态，将来我要进入公司。埃里克和他的团队对我张开怀抱，表示欢迎。毕业后我就直接进入了公司，甚至没有考虑过要不要先在其他公司积累一些经验。现在想来，这一切似乎都那么遥远，那完全是另一个时代，当时的商业环境和现在完全不同。

我对自己早些年在公司工作的情境，有一段美好的记忆，当时员工不到 300 人，是彻头彻尾的家族企业。对很多人来说，和老板的弟弟"融洽相处"需要真诚善意，可能也需要一些算计。随着公司的发展，我参与到公司的很多项目中，主要是进行项目策划和组织。

在工作中，我恪守严谨、认真的工作风格。记得有一次，我和公司高管们一起在众多员工面前做一个演讲。虽然现在我们已经不这么做了，但当时我们经常轮流在员工面前发表讲话。我讲话的调子颇为消极，内容涉及了"现今经济环境岌岌可危，公司在保护我们所有人"这样的话题。当时我可能没有意识到，在某种程度上，我的讲话既是基于自己的判断，也是对于外部潜在风险的恐惧。

我时常问自己，如果不是因为这是我们的家族企业，我真的有机会坐在现在的位子上吗？虽然这个问题还没达到让我坐立不安的程度，但已经开始使我质疑自己的可信度了。而答案，经常出其不意地展现在我面前。

## 第 3 部分　普通人和老板：当角色转换时

埃里克以前也是 CJD 的会员，是他建议我加入这个协会。CJD 是接受锻炼的绝佳场合——在那里，我不是什么老板的弟弟，只不过是另一个寻常的参与者。波尔多地区大概有 40 名年轻管理者，每个人都非常认真地参与，气氛也相当活跃。我对好几名伙伴很是崇敬，赞赏他们在帮助其公司成长上取得的成绩。CJD 之所以能充满活力，其中一个秘诀就在于它每一届主席的任期只有两年。这样一来，协会就会不断地自我更新，主席也就不会将这个位置当成一个永远的职业。1985 年 6 月，波尔多区域主席换届选举，而我出乎意料地当选了！

对我来说，这段经历是一个塑形的过程。我对协会的成员们非常尊重，还特别崇敬其中几位的职业成就，而他们却选举我作主席。我当时 29 岁，内向矜持，竟得到同辈们的认可，选举我来主持这个由各企业主组成的团体！我的任期进行得很顺利，波尔多区域的负责人和我的伙伴们，都在若干场合表达了自己对协会工作质量以及工作氛围的满意之情。我展现了前所未有的团队管理和组织能力，就好像在 CJD 及其活跃的氛围感染下，我得以摒弃了自身的限制性信念，积极地获取了新技能。对我而言，大家的认可标志着我协会主席一职的圆满结束。

在后来的一些年中，我又在 CJD、EDC 和"创业者社群"[①]

---

[①] http://reseau entreprendre.org/fr/accueil

中担任过一些主席职务，后边我会对这些做个简短的介绍。我听人们谈起过"诺尔省企业家协会"[①] 给予企业家们莫大的支持和帮助。当时，迈克·乌耶（Michel Mulliez）和其他一些朋友在波尔多创建了同类型的协会。1996年9月，在我和迈克的一次会面中，他跟我说他正在寻找一些公司的管理者们来帮助协会运营。我对此很感兴趣，请他安排我和诺尔省企业家协会主席会面。这也就是如何在鲁贝市和安德烈·乌耶（André Mulliez）见面的起因。这次会面对我产生了深远的影响。当然，企业家网络协会这个意义非凡的项目还处在启动初期这件事本身就是让人兴奋不已的，同时，协会、尤其是安德烈的高度责任感深深地打动了我。他是一位真正的商业精英，有着一颗真诚善良的心。在我走进他办公室时，我只不过是对这个初具雏形的机构抱有一些兴趣而已，但是当我走出他办公室的时候，我已经主动请缨成了机构的主席。

现在，再回到GT运输的话题上。1986年，我被任命为总经理。当时，公司在埃里克的领导下正在不断成长。高管团队都是老员工，他们非常敬业。自然而然地，我很快就接管了行政和财务部门的管理工作，以及技术服务部。由于当时的部门领导们都面临退休，我们重整了机构，吸纳了年轻力量到管理层。其中，新任的运营总监就具有非凡的性格，给整个公司带

---

[①] http://reseau.entreprendre.org/nord

## 第 3 部分　普通人和老板：当角色转换时

来了深远影响。

多达 500 名的员工增长，以及我们所提供的服务更加复杂多样，使得公司能力不足的问题开始显现。为解决这一问题，我们决定把公司划分为五个区域分公司，每个分公司由一名经理来领导。最初是由前任运营总监来管理这五名经理，但是，张力和问题很快就显现出来。尽管这位运营总监经验丰富、兢兢业业，但却明显无法胜任协调管理分公司经理团队的工作。于是，我约他会面，告知他应该调换到其他岗位去了。带着极大的谦卑和质朴之情，他离开了这个自己奋斗多年的岗位，并在另一个岗位上一直奉献到退休。

在这之前，当我负责管理一个部门的时候，我的专业或者我积累的经验给我带来了一定的信誉度。但当我开始领导整个公司的那一刻，我发现我需要领导的团队或者群体比我的经验要丰富得多。我借鉴自己担任 CJD 主席一职时的经验，和五位分公司经理一起设定了我们行动的基调：如果他们可以贡献出各自全部的专业知识，那么我就可以在此基础上，融合我的协调技巧以及建立联结的能力把他们和公司其他部门联系起来。我逐渐帮他们更好地看清了他们的工作对整个公司成功的意义和重要性。我们之间的工作关系也更加高效。公司不断成长壮大起来，运营管理和支持部门都已经达到了标准。从那时开始，我不再质疑自己的"可信度"，我对自己在这个岗位以及在家族企业中的工作都感觉良好，并且很高兴自己正在为公司的成功贡献力量。

当时我决定进修 CPA①课程，我感到一边工作一边再次开始学习对自己来说非常有帮助。我得以从自身唯一的职业经验——GT 运输——中跳出来，重新审视。我非常欣慰能与来自不同背景的其他同学共同探讨财务问题、市场营销以及战略规划。1995 年的节奏非常快，因为我要在总经理的职责和每周往返巴黎之间做平衡。一如既往，在这样的冒险中，给我最大支持的人，是我的妻子碧昂缇丝（Béatrice）。这段经历也给我提供了一个机会，以不同的状态参与到公司事务中。

1997 年，我们完成了两个在公司发展过程中占有重要地位的项目：一个是家禽运输行业的收购项目，另一个是为客户米其林打造的非常重要的物流基地。这两个项目不仅帮我们实现了营业额的增长，还将员工团队扩大了 40%。与此同时，陆路运输行业受到了社会活动的影响。对卡车司机来说，"罢工"就意味着"道路和油库的封锁"。1996 年 11 月，小规模的罢工运动在社会试水，到 1997 年 11 月就是来真的了。这样的规模自 1972 年之后就没有看到过：7 名 GT 运输的司机参与了为期一个星期的罢工运动。虽然 1000 名司机中只有 7 名参加，比例显然很低，却是一种微弱的信号，但当时我们还不知道如何检

---

① CPA，商学院的学位，后来演变成巴黎 HEC 的 EMBA 学位。

### 第 3 部分　普通人和老板：当角色转换时

测到潜在的问题。

让我们想一想温水煮青蛙的实验。当把青蛙放进热水锅中的时候，它会马上做出反应，从热锅中跳出来。但如果先把青蛙放进凉水锅中，然后再慢慢加热，青蛙就不会做出反应，直到自己被煮熟。这个有点残忍的实验正是 1998 年我们企业的真实写照。当时的我们就在煮锅里，而我们没有注意到水温正在缓慢升高……

我们忽略了哪些不甚明显的信号呢？首先，我们低估了员工人数高度增长所带来的影响，也低估了刚刚涉足的家禽运输和轮胎配送这两项新业务所带来的影响。我们经历了门槛效应，我们的业务活动变得复杂多样。此外，我们没能及时、准确地感知到那时卡车司机这一职业正在社会上发生怎样深刻的变化。总而言之，在那之前，卡车司机的工作小时数是用一个固定比率计算的，所以是一个大概值。后来 1997 年司机罢工引发的谈判将这一职业纳入了非常严格的奥布里法令（Aubry Laws）的法律框架之内。我们完全没有意识到从那时开始，卡车司机和他们的职业之间的关系就此彻底改变了。此外，我们最初的业务——居民天然气配送业务也在经历着变化。因为这条业务链和房屋取暖关系紧密，那个时期季节性差异异常明显。我们低估了季节性变化，而来自市场上其他购买方式的竞争更是让我们的业务雪上加霜。

这是一个非常典型的事例，说明了众多貌似不相关的因素在特定时间集中发生是如何震动整个体系的。但由于我们的管理层权力过大，这些现象所带来的影响都被掩盖了，这也说明了一个事实，就是既有的管理方式已经过时了。我们甚至没有意识到1998年我们业绩下降了那么多。1999年春天我们痛苦地觉醒了——第一季度的营业额暴跌。在我们其中的一个分公司里不断升温的社会运动氛围，给我们带来极大的挑战，几家分公司的经理们压力都很大。

我和埃里克都如坐针毡。一名经理后来对我说过这样的话："其实，对我们情绪影响最大的，是你和埃里克第一次显得那么沮丧。"我记得那是一段非常艰难的时期，因为我感觉我俩已经筋疲力尽、没有斗志了。我们越来越频繁地问自己，是不是要把公司出售给一个大集团来拯救它。我们联系了银行的顾问来启动一些初始的讨论，但没有什么实质性结果。几个月过去了，所幸公司经营还算稳定，不过我们感觉运营好像有些混乱。作为公司的管理者，我们感到很低落——局面还在我们的掌控之下吗？

2000年3月初的一个星期五下午，埃里克、一名商业顾问和我一起研究了当时的情况。坦率地说，我们没有取得任何进展，还是深陷泥潭。当天晚上，我是和妻子碧昂缇丝以及孩子们在我们郊区的房子里度过的。我的情绪非常低落。第二天早

第 3 部分　普通人和老板：当角色转换时

上，天一亮我就醒了，然后在大自然里散步。这对我帮助很大。我平和了很多，花了一些时间来祈祷："上帝啊，如果您的旨意是让我们继续经营公司的话，请给我们重生的机会，完成您的意愿。"那一刻，有些东西似乎一下子清晰起来。我回到家里，做了早饭，叫醒家人，好几个月以来第一次享受了那种愉悦又喧闹的家庭气氛。

就在那个早上，我第一次很明确地放下了作为总经理就应该是掌控一切局势的大师、任何时候都能扭转乾坤的信念。就在那个早上，我向信任敞开了怀抱。星期一，我带着极其平静的心态回到公司。星期二，我去巴黎参加"创业者社群"的社交会。星期三，埃里克告诉我他接到一个同行打来的电话，这是一家专门从事气体和烃类运输的大型公司，他们表示有兴趣收购我们的天然气运输业务。那一刻，我很清楚这将是我们渡过难关的一个关键转折点，于是我告诉埃里克，我们必须马上开始接洽。我们在这项业务上已经损失惨重，但这家同行早已活跃在这个市场上，他们可以在这个业务上赢利。谈判进行得很顺利，6月底的时候，我们就把这条业务链出售了。我们很欣慰原部门的150名员工不但保住了工作，还能进入一家以可靠和稳定著称的公司。虽然失去这个部门令我们感到很难过，但这次收购却让我们卸下了肩头上一直以来阻挡我们前行的重担。3月份，我和埃里克开始着手围绕两个主要方向重组我们

161

的家族企业集团：埃里克将设计并启动他筹划已久的新物流服务业务——GT 运输（GT Logistics），而我的工作重心是将 GT 运输扭亏为盈。后来所发生的就正如这个计划。

## "老板"，改变了什么？

在经历了这一系列的事件后，整个 2000 年，我和埃里克都将精力集中在一个激动人心的创业旅程上。埃里克创建并发展壮大了今日的 GT 运输，而我不断尝试挽救正在走下坡路的业务。这一切都极富挑战性。

这是一项极其艰巨的任务，但好在我已经重新找回了能量。完成 CPA 的学业对我帮助很大，它使我跟服务多年的公司保持了适当的距离。那是我职业生涯迅速成长的开始。当时，我面临着三项挑战：显著提高效益、开辟稳定增长渠道、学习如何当"老板"。因为过去的 15 年来，我一直在辅佐我的哥哥埃里克，而现在我是领头人了。从 2001 年开始，我成为公司的 CEO，不论是面对公司内部的高级管理层，还是面对公司外部的家族股东们，我都必须显示出信服力。在经历了过去几个月的波折之后，家族股东们对管理层的信服力提出了质疑，因为他们想要知道在这个非常具有挑战性的陆路运输行业中我们是不是还有未来。

## 第 3 部分  普通人和老板：当角色转换时

至于公司内部，我做梦也想不到，过去几个月的艰难局面，到底给经理们尤其是分公司经理们带来了多大的困扰。我上任后的第一个决定，就是招聘一名二把手，给管理层注入一些新鲜血液。2001 年 5 月巴斯高（Pascal）加入了公司。这是公司的一个机会，但迎接他加入时的环境却不太轻松。六个分公司经理职位中本来就有一个空缺；就在我遇到巴斯高的那天，有一名分公司经理告诉我，他要离职——相信可以有比这更好的"欢迎词"。几周后，又一个分公司经理要离职，六名经理中只剩下了三名，情况越来越复杂。事后多年，巴斯高跟我说，当他在公司工作了两个星期后，很纠结自己是不是要在一家走下坡路的公司继续工作。万幸的是，他留下了，连续的离职也停止了。通过采取行动，我们得以开始重新构建一支高管团队。

我们做了很多的工作，渐渐地我开始感觉到我们真正重新找回了能量。而且，我完全没有想到的是，分公司管理层的人员变动实际上起到了积极作用。一点一点地，我们开始看到了正面的效果，而且我们也很满意业务的增长情况。

至于家族股东们，我知道我需要向他们证明这个重整是持久而且稳定的。他们给予了我充分的信任，我有义务向他们证明他们的决定是正确的。这是对他们将 GT 运输的总经理的权力交给我的回报。我开始真切地体会到作为老板伴随而来的一切责任。在我看来，要想得到认可和行动自由，我必须要给公司带来基于行业标准的令人满意的经济效益。

一切进展得都很顺利。虽然没有在股票交易市场上市，但因为我们一直有员工持股计划和内部股份市场，我们还是需要每五年接受一次股票定价方法的审计。可以说股票价值充分反映了所有股东共同拥有的公司业务和资产的价值。实际上，从我成为CEO的2001年到2017年间GT运输的股值翻了3.2倍，也就是说这期间实现了每年7.6%的增长。但此期间，主要由于2009年的经济危机，CAC40指数从6000点下降到5100点。这个成果来之不易，我给自己的压力非常大。可以肯定的是，对于当时和我生活、工作在一起的家人和高管团队成员而言，那段时间也很不好过。我无疑处在一种高度集中、惧怕失败、求胜心切的状态下。或许还有其他的方法用来树立一个人的信誉……

## 还有其他方法吗？

"权利是被赋予的，权威是自己树立的，信誉是在团队成员的眼睛里体现的。"[1]

有两本书给我留下了长久而深刻的印象：

---

[1] 让-玛丽·佩蒂克莱尔（JeanMarie Petitclerc），《博斯克神父的12字教学法》(*La Pédagogie de Don Bosco en douze mots clés*)，Salvator出版社，2016。

## 第3部分 普通人和老板：当角色转换时

* 《领导力的人性根本原则》，由雅克·桑帝尼和克里斯托弗·乐·比安共同著作。作者提到读者可以从自己感兴趣的任意一章开始读，我就被第三章"芦苇的力量——谦卑姿态的神奇力量"所吸引。至今我还清楚地记得我是在何时何地读了那一章——我感到了一种戏剧化的改变，既平和又充满力量。我切身感受到所谓的"谦卑姿态"并不是软弱，恰恰相反，它包含着一种强大到能感染他人、激发他人活力的巨大能量。

* 《灵魂的状态》(Les États d'âme)，克里斯托弗·安德烈[①]著。我有时甚至自以为是，觉得书中的一些章节简直就是为我写的。我非常激动能够寻找到一些价值非凡的视角，它们从此一直激励着我。多年以后，我将这本书的副标题"学会通往内心的宁静"作为自己的人生信条，它为我指明了方向。

时机正好。我在 2008 年和 2009 年读了这些书，学到了很多理念，也看到了一些至关重要的视角，我不但用它们来自我激励，而且也将它们运用到此后多年的工作实践中。我们都看到了 2011 年是怎样的一个勇闯火线的考验——我们决定先和

---

[①] 克里斯托弗·安德烈 (Christophe André)，《灵魂的状态——学会通往内心的宁静》(Les États d'âme)，Odile Jacob 出版社，2011。

高管团队一起带头，然后和所有分公司经理们都踏上公司转型的冒险之旅。当时我就有种感觉，这一路上我们每个人都要实现个人自身的蜕变，我就是第一个。

对我个人来说，2012年的头几个月是一个重新构建的时期，尤其是我自己的身体健康状况，我在摩纳哥度假时经历了一些诸如腰背疼痛等症状，它们都提醒了我这几个月以来积累的紧张。我决定逐渐减少一些体重，这个阶段的这些积极的经历，让我重新找回了自我掌控感。接着，我集中于精神层面上的修行，在2012年5月参加了一场闭关修炼。经历了2011年一系列的事件后，引发了我对生命的意义和价值的思考，这几天的宁静、冥想和祈祷都让人受益匪浅。而且我还读完了两本书——虽然不是我特意挑选的书，但它们也都深深触动了我的内心世界：

* 第一本是《沙滩上的两个小脚印》①，安-杜芬妮·朱利安著，讲述了一位母亲照顾小女儿度过生命最后时光的故事。她的女儿患有一种罕见的先天性疾病。这听起来原本像令人悲痛欲绝的哀歌，实际上却是一支对生命的赞歌。就像这句绝美的概括："当不能向生命里添加日

---

① 安-杜芬妮·朱利安（AnneDauphine Julliand），《沙滩上的两个小脚印》（*Two Small Footprints in Wet Sand*），Les Arènes 出版社，2011。

## 第 3 部分　普通人和老板：当角色转换时

子的时候，你就必须向日子里注入生命。"
* 第二本是《和月亮玩耍的孩子：歌手、教士和酒鬼》①。以创作和演唱美丽的宗教歌曲而在天主教会闻名的基督教传教士杜瓦尔（Father Duval）在书中讲述了他在酗酒这件事上的挣扎。这本书感人至深。当时的我并没有意识到，这次的闭关修炼和这两本书为我下个阶段的征程做好了准备。

2012 年 8 月暑假，我和妻子碧昂缇丝（Béatrice）去卢尔德（Lourdes）陪一个女儿待两天，她在那里照顾病人。在那里的时候发生了两件很震撼的事，一个是我和碧昂缇丝有一场不太常见的深刻的对话。要知道我和碧昂缇丝当时已经结婚三十多年了，我们经常对很多事情进行讨论和畅聊。但那一次我们谈到了一个对两人来说都非常重要且敏感的话题，我感受到无助与平和很矛盾地在我身上同时存在。无助是因为我没有任何解决方案，平和又是因为我充满自信。讨论到最后，解决方案自然而然地呈现在我们面前。我们又一次感受到深入对话的力量：深入的对话能开启众多的可能性。

第二个决定性的时刻是一个精神层面的经历。我深切地感

---

① 杜瓦尔（Aimé Duval），《和月亮玩耍的孩子：歌手、教士和酒鬼》，(*L'Enfant qui jouait avec la lune：Chanteur，Jésuite et alcoolique*)，Salvator 出版社，2010。

受到想描绘这个情景有多难。即使我的文字晦涩难懂，我也希望读者们能有耐心。在卢尔德，朝圣者有机会参加"洗礼"。人们在充满了自然山泉水的石头浴池里受洗，气氛静谧而平和。水温只有14摄氏度左右，显然不是很舒服。这是一个考验朝圣者谦卑与信仰的过程。头一次参加的我，排在长长的队里，我感觉很好。我能听见周围人们用各种语言彼此交流的声音。终于到我了，我到了一个"浴缸"前，那里有志愿者协助，气氛神圣而祥和。进入浴缸之前，你能看到一个小小的标志提示朝圣者先祈祷。我那时想到的是："神啊，请治愈我，我虽然不知道有什么需要被治愈，但请治愈我，让我能以最好的状态为您服务。"然后我进入水中，一股平和的力量充满了我的身体。

那一刻究竟发生了什么呢？多年以来，我一直生怕失掉自己所掌控的东西，那一刻放下一切才帮助我取得日后的成功。我被"小我"所支配，从而成了孤军奋战和恐惧的囚徒。2011年，我不得不应对周围亲近的人的挣扎和压力。而对自身而言，我敞开胸怀、心平气和地接纳了自己的脆弱和局限。这次的精神洗礼让我终于接受了自己无法掌控所有情况的信念，让我去信任。当时的我并没有意识到，这个觉醒对日后转型的成功是多么重要。重点在于，这种转型的方法不仅在于流程和所拥有的工具，首先是领导做出改变，从重新审视自己开始。特

## 第3部分 普通人和老板：当角色转换时

别是，因为要想让公司里的每个员工都做出改变，员工们需要依赖一位能带领他们、使之放心的领导，共同走在这样一条每天都在演变的路上。

弗雷德里克·莱卢非常清晰地指出了挑战：

> 在认知、心理和道德层面转化到新的阶段往往是一个巨大的进步，因为摒弃陈规并且试验新的世界观需要极强的勇气；同时在一段时间里，任何事情都显得不确定且令人困惑。

回到我在卢尔德的祷告话题上，从某种意义上来说，后来的几个星期中我的确找到了答案。我们家一般会在吃早饭的时候聊聊天，碧昂缇丝跟我说到了她的一些想法："2011年发生了那么多的事，我感觉你筋疲力尽，大大超过了正常的承受范围。现在也许是时候好好想想背后的原因了。你觉得心理咨询会不会有用？"我完全同意她的想法。一回到波尔多，我就找了一位心理咨询师开始了心理咨询。接下来的八个月时间里，我每周和咨询师见一次。对我来说，每次咨询过程都是一次心灵的释放。渐渐地，我终于开始认识到并提起我儿时的创伤对于现在成年的我的影响。它帮助我了解自己的个性弱点，认识到并利用自己的强项、发挥自己的潜能。简单来说，我能够体会到一种来自平衡生活的活力，这令我欣喜异常。与此同时，我也开始向 GT 运输的员工们征求对我在公司经营方面的反馈。我期待评估的结果，我也相信自己会从中受益，尤其是我同时还在继续着心理咨询。此外，公司正在经历的变革和我个人生活经历之间也存在积极的联系。当我惊喜地意识到，如果勇敢面对个人的弱点，你就能从中获得更大的能量的时候，人就变得自信起来。

我的家人和亲近的同事都注意到了我的变化和内心的释放。我不再那么容易烦躁，让人退避三舍了。老板在一点一点地转变，而且他是那样享受这个转变过程。这可能也激励了其他人的转变。

**米歇尔被他自己带领公司成功完成探险之旅的强大愿望所驱动，而且他希望在全体员工的支持下实现这一目标**

碧昂缇丝

米歇尔·萨尔特的妻子

米歇尔和我结婚已经 36 年了。我们的关系一直都很简单并充满信任。这也是我们这么多年一起经历了这么多事情的基石。后来有了孩子,孩子们给我们的生活带来了更多的色彩,也让我们的家庭更加壮大。米歇尔是个多年的登山爱好者,他喜欢带我们去山间步道远足。仔细研究过比利牛斯山谷的地图以后,他总能选出一条美丽的步道,带着他的小分队开始一趟冒险之旅。最重要的是,不管是大人还是小孩,在这一路上都能体味到成功的喜悦。米歇尔还经常邀请我参加公司的活动。我每次都非常欣喜能够参加。2014年的一天,他回家告诉我说,他向人事部门提议:"为了让你们更好地了解我,你们是否愿意见见最了解我的人?"他的团队欣然接受了这个提议,我于是面临着一次挑战,一方面我感到有点紧张,但同时也很开心于他率性的提议。我当然一直有一种潜在的愿望,希望别人了解这个与我结伴一生的男人的真实品质,而不仅仅是作为一个"老板"。

这一天到来了。我和团队成员们围坐在圆桌旁,大家都很期待。五位团队成员每人带来一本黑色的记事本和一支笔。我暗自思忖,不知他们会在那张大大的白纸上记录下什么。我可以在他们的脸上看到一种期待,看到众多的问题在他们的脑海里畅游。一点一点地,他们开始提问了，我惊讶于我们之间的交流是如此简单顺畅。这样我开始和他们分享，比如：是的，没错，米歇尔在措手不及的时候，有时会表现得很严厉。或者，相反，当他思绪万千的时候，他会很沉默，让周围的人不自在。但我能从我的角度告诉大家，他们见到的米歇尔有时并不是真实的他。当他吃惊或沉浸在自己思绪里的时候，他投入全部的精力。因为他是那么渴望在全体员工的支持下，带领公司取得探险的成功。那次会议上，在我们这群希望帮助米歇尔实现个人转型的人群中，有一个人问了我最后一个问题——我是否还有什么想和他们分享的。我沉默了片刻，终于鼓起勇气说出了我真实的感受。我描述了米歇尔实际上是怎样一个善良、智慧的人。那一刻是如此凝重和有浓度。每个人手中的笔记本上一个字也没有记，但彼此的连接纽带由此而生，就此开启了彼此看待对方的新视角。

几天前，在里尔（Lille）举行的一项活动上，来自九个公司的管理者、EVH 的成员们，围绕着"真实的领导者"这个话题展开了讨论。其中一名就是我们公司的帕斯卡（Pascal）。他用非常简单和诚恳的语言和与会者分享了他个人的转型之旅。

## 第 3 部分　普通人和老板：当角色转换时

包括 30 名 GT 运输员工在内的 500 多名听众被他的分享所包含的强大的力量所震撼。听帕斯卡发言的时候，我也被深深地打动，我看到了生命在我们公司变革的旅程中绽放了。我带着深深的感恩之心，视这一切为我生命的礼物。

# 11
# 家族式经营

安托万·梅奥（Antoine Mayaud）在其著作《家族式经营》[①]中分享了他在家族企业穆里耶兹（Mulliez）的经历，他巧妙又详尽地将"家族企业"长期屹立不倒的成功秘诀呈现给了世人。我在此借用他的书名作为本章的标题。

GT运输也是一个家族企业。家族企业意味着公司的资产主要由一个或几个家族成员来掌握。家族成员或者外部的董事可以担任运营经理的职务。研究CEO和家族股东之间的关系会给人带来很多的启发。艾萨克·盖茨和弗雷德里克·莱卢都曾强调CEO必须获得董事会成员的支持，即家族股东的支持，这点对公司的成功转型尤其重要。

如果家族股东不全心投入，当公司变换CEO的时候，转型的进程就有半途而废的风险，所以家族股东的鼎力支持无疑是家族企业长盛不衰的关键之一。接下来我会介绍自己在担任CEO时所形成的和家族股东之间的关系是如何帮助我们开启转

---

① 私人版本，只能从作者本人得到。

型之旅的，然后再介绍一下我们为把接力棒顺利交给接班人所做的各种准备。

## 家族股东

有一天，我突然意识到自己是一名家族股东。这听起来可能有点奇怪，但我却花了很长时间才明白作为家族股东到底意味着什么。让我先从背景说起：我的外祖父在1946年创建了公司，他既是家族股东又兼任CEO。外祖父只有我母亲这一个孩子，所以当他去世之后，我母亲就成了主要股东，我们三个外孙也分别得到了一定的股份。但在实际操作中，比起做股东，我哥哥埃里克和我更侧重于日常经营管理方面的工作。另一个兄弟菲利普（Philippe）是一名医生，对他来说，真正理解家族股东意味着什么就更是后来的事了。这种情况在我们这一代中小企业中非常典型。对我个人来说，我虽然在商学院学习过股份制企业的相关法律法规和财务方面的知识，但真正运用到工作中是多年以后的事。在谈及这些之前，让我们先看看税务体系，因为它对家族企业的运营和长久繁荣至关重要。

一般来说，是税务让家族股东们意识到自己有多幸运能拥有产业。法国税务部门寓意深奥地创立了极具法国特色的"财富团结税"（缩写为ISF），这个税今天已经不存在了，但在它存在期间，因其烦琐和刻板的制约性激怒了一些纳税人，很不招人喜欢。另外一个遗产税，对家族企业的稳定经营也有着极大的影响，尤其是当没有提早规划就继承财产，可能会对企业造成致命打击，股东有可能被迫出售企业来缴纳遗产税。我们作为股东和管理者已经经历了三次继承事件引起的税务问题。应该说家族企业的成功取决于三个方面：对继承未雨绸缪提前规划，广泛听取建议，以及和家族股东保持良好的关系。

**合伙人情感：家族股东之间的特殊关系**

现在我想谈谈股东关系的根基，法律用语称作"合伙人情感"。

这个内涵丰富并经常被人讨论的法律概念反映了我们建立或保持合作关系的真实意图。如何在我们这一代股东中将其变为现实？埃里克和我作为经营管理者一致认为，是下面这些关键的目标一直或明或暗地引导着我们：

* 提升家族成员所拥有的商业资产价值。
* 支付股息，确保最低水平的流动资产，以便支付财富团结税。
* 最后，对打造一个优秀企业、延续公司创始人（我们外祖父）的工作，抱有高度荣誉感。

第 3 部分　普通人和老板：当角色转换时

前两条是关键，如果不能达成共识，股东之间的和睦相处就很难长久。我们很清楚地看到在 1999 年的困境中，经济业绩下滑对我们作为运营负责人的重大影响。那段时期，如果不是从其他股东、我们的父母和兄弟菲利普那里获得支持，我们很难绝地重生。

第三条关乎一个非常深厚又激励人的信念。每当看到在完全不相关行业工作的菲利普也那么执着于这个信念，总让我备受感动。打造"优秀企业"的荣誉感始终深深存在于我们的创业精神里。2012 年当我和高管团队决定开启 GT 运输转型之旅的时候，这些一直指引我们前行的关键要点让我充满信心。

## 传承：当然！但传承什么？

我们之间存在一种"潜规则"，这是因为在管理上我们代表了第二代，所幸的是我们对彼此很了解，很有默契。但我们现在都处在需要考虑交接的年纪了，所以希望能更明确一些价值观和管理原则。我们需要明确表达出兄弟三人集体认同的公司价值观和理念。一直以来我们都认为需要为下一代做好榜样，传递一些可供参考的见解。我们认为业务发展史、家庭观以及家族股东互助，这三个方面是家族章程的核心。我们还对管理、股息支付、股份变现，以及避免家族企业内部竞争等方面的指导原则进行了描述。

股东内部非常深入的讨论是一个极其必要的步骤。2007年创立的管理架构曾给予我们极大的帮助。在这个架构下，有三个家族股东和两个"独立董事"。我们每年聚会四次，每次用一天对关系到公司长久发展的重点事宜进行集中讨论。两位"独立董事"在管理和家族章程方面对公司做出了价值非凡的贡献，他们帮助我们对包括一些非常敏感的话题在内的所有事宜展开深入的讨论。

无论顺境还是逆境，这种家族式管理都一直为我提供了坚实的基础。詹姆斯·柯林斯和杰瑞·波拉斯在其所著《基业长青》[①] 一书中强调，公司历久弥新和持久的成功是建立在"保留核心/刺激进步"的双重概念之上的，这涉及长期一贯地保持公司的特色和价值观，同时激励进步与创新，并确保公司对改革持开放态度。我深知正是这种家族式的管理给我奠定了坚实的基础，让我能确保GT运输对于转型持积极态度。

## 培养接班人

培养接班人始终是我们的重要工作，所以对于作为CEO的我来说，核心问题不仅仅是"今天我们怎样取得成功"，还要

---

① 詹姆斯·柯林斯（James C. Collins），杰瑞·波拉斯（Jerry I. Porras），《基业长青——企业永续经营的准则》（*Built to Last*），First 出版社，1996。

## 第3部分 普通人和老板：当角色转换时

时时想到"公司怎样才能在由下一代管理时延续成功"。在我目前的职业阶段，其中一个重要的课题就是做好两个方面的交接准备：公司运营管理方面，和股东组织架构方面。

我和妻子碧昂缇丝共育有五个孩子，年龄在21岁和35岁之间。其中三个已经完成学业，做好了进入商界的准备，另外两个在医疗行业。有些朋友曾开玩笑说，我们指引孩子们做出的这种职业选择，不但使将来我们的事业后继有人，还不用担心退休以后的就医！事实当然不是这样的！我们让孩子们自由选择他们有灵感、感兴趣的方向来学习、就职。当然，在考虑我们的家族企业的同时，也要思考怎样最好地创造条件为交接做准备。最重要的准备是，创造一个人们能自由并轻松地讨论问题的环境。我和碧昂缇丝一直确保我们能公开讨论或质疑与公司有关的话题。通过下边的阅读，大家也许会有"说起来容易做起来难"的感慨，并能看到我们是如何逐步打造出这种讨论方式，并加以完善的。

我们开始实施的第一项措施是建立一个管理董事会，这对GT运输来说很特别，我们管它叫作GAP（咨询及筹备小组），成立于2012年，具有以下三项职责：

* 作为一个工作组，在接下来很长一段时间中激励并支持我作为CEO的工作。组里还包括两名家族以外的成员

来强化工作质量。

* 培训我们最大的两个孩子马修（Matthieu）和布兰丁（Blandine）。因为只要我们的家族还在掌控公司，他们就有可能被要求来履行董事长或者董事成员的职责。
* 为成员创造经常性一起工作的环境，并在需要的时候，如我突然不能继续工作了，或者不在了，或者其他危机时刻，协助股东渡过难关。

GAP 成立以来一直就由包括我们这一代的股东、代表下一代的马修和布兰丁，以及能协助扩展相关事项的两名独立董事在内的家庭股东构成。我们每年聚四次，每次一整天。这样一来，GAP 得以并始终在两代人的对话之间扮演一个非常重要的角色。接下来它还将继续发展和演变，以便更好地适应公司和股东的现状。2014 年，马修已经展现出了加入公司并担任运营管理职务的实力，这在我们的交接过程中是一个里程碑。

## 未来的董事长

现在我想简单谈谈 GT 运输下一任 CEO 的职业道路。马修和股东们所享有的自由为我们准备交接奠定了基础，交接的条

## 第3部分 普通人和老板:当角色转换时

件已经具备。米其林集团 CEO 让·多米尼克·塞纳德(Jean-Dominique Senard)下边的这些话,对继任 CEO 这一角色伴随而来的挑战提出了精彩的见解:

> 当今形势下你认为老板的作用是什么呢?
>
> 随着时间流逝,我越来越认识到老板的主要功能就是不畏艰难、坚持到底。他们必须代表愿景和价值观并指引前行的道路。听起来很简单,但实际上非常重要。当然我们还要能确保所有计划得以落实,确保运营和投资顺利开展。但是,归根结底总会回到一个本质问题——不管你愿意不愿意,你的员工(像米其林的 11.5 万名员工)总在看着你,看你的行为和举动是否与他们自己对公司的想法相符①。

马修是我们的长子,整个家族在他这一代只有他一个男孩,跟他一起长大的是妹妹和表姐妹们。从他很小的时候,亲戚们就很热情也多少有点草率地认为他将来会接我的班。亲戚的这种观点给我们带来了无形的压力,可能是为了回应这个压力,我和妻子一直努力跟孩子们强调他们可以自由选择未来的职业。马修是个非常认真的学生,学习对他来说很容易。从巴黎高等商学院(HEC)和巴黎科学学院(Sciences Po Paris)

---

① 引自在 *Échos* 发表的文章,2016 年 6 月 7 日。

毕业以后，他在奥利弗怀曼（Oliver Wyman）咨询公司工作了八年。

拥有选择的自由并没有让他停止思索是否应该在家族企业工作。为了给自己一个思考的机会，马修从2012年开始一直定期见一名教练并与其探讨。作为家庭成员加入家族企业工作实际上比在其他公司工作面临的风险更大。后来，2014年6月的一个早上，马修告诉我他已经准备好在公司工作了。我现在还清晰地记得我当时的情绪有多激动。我欣喜异常，但同时也突然清醒地看到在接下来的过程中我所担负的责任。作为父亲，我当然希望我所有的孩子们都开心，但作为股东和CEO，我必须为公司选择最好的接班人。

接下来的几天里，经过马修的同意，我联系了家族集团的独立董事之一弗雷德里克（Frédéric），询问他是否愿意与马修一起探讨取得成功所需要的条件以及我俩之间这个"交易"失败的可能性。2014年夏天，弗雷德里克和马修在充满期待和友善的气氛中开了三次会。这些会议使马修有机会对将来的前景提出具有针对性的问题。同时，马修和我也同心协力一起为这些问题寻找答案。直到9月份，我和马修两个人一致同意可以正式走向下一步了。在我和我的兄弟们以及合作伙伴们仔细讨论过后，一致认为可以让马修加入公司。接着，我也和GT运输副总经理巴斯高进行了商讨。巴斯高和马修在克里斯托弗·乐·比安的协助下一起列出了对双方都可能产生影响的事项。2015年3月,马修加入公司以后,高管团队为他起草了一份公司整合和学习计划。接下来就要看家庭股东们将来如何继续支持CEO了。

## 年轻人震撼我们……这是件好事

之前已经看到了勾画愿景是如何帮助我们在公司转型道路上迈出前进的一步。我建议由碧昂缇丝和五个孩子组成的家族股东也开始勾画自己个人的愿景。我是在几周前EVH研讨会上产生这个想法的。当时我跟大家提出了几个关于我们转型之旅的问题,一名与会者艾米丽(Amélie)给我如下的反馈:"你身上闪烁着智慧,但你身边有没有谁能展现年少轻狂?"

那一天艾米丽启发了我,让我换了个角度来看传承:大多数人认为,传承是从上一代传授给下一代,单向行驶,但其实传承可能和许多其他问题一样,更适合从系统的角度来看。固然是碧昂缇丝和我在过去和未来将我们的经验和信仰传给下一代,但同时孩子们也不断地点亮并滋养我们。同样地,再回到我们作为GT运输股东的现实,他们对于愿景的贡献和我所能传递给他们的东西同等重要。我已经深刻体会到了勾画愿景是如何让一个工作团队团结在一起的,所以我想对家族股东们也提出一个类似的行动建议,以便协助公司的转型。

在这样的情形下让家族股东们也勾画个人愿景的目的是什么呢?首先,我们的目标是为所有家族股东建立一个共同的基石——使命、抱负和价值观。然后,在此基础上获得回答以下问题的能力:

* 我们希望自己成为什么样的公司股东?
* 是什么把我们这些股东凝聚在一起?
* 在把我们聚集起来的这个事业上,每个人到底有多大的自由?

自创业之初我们就一直被下面这些价值观引导着:

* 股东的作用是协助公司及其发展。
* 股东对于 CEO 履行管理、组织和激励公司的职责起着至关重要的支持作用。
* GT 运输正在发生一些非常独特并有价值的事情。这些都需要依靠具有强大愿景的股东们的支持和保护。
* 作为股东当然是有好处的:收入、地位和参与以人为本的企业商业活动所带来的荣誉感。但同时也伴有很大的责任:选拔 CEO、在困境中支持 CEO、协助引导并阐明重大决策。

## 第 3 部分　普通人和老板：当角色转换时

* 在企业、尤其是家族企业里，股东对公司共同负责，但如果他们对持有该公司股份不再感兴趣的话，将会出现严重的后果。

克里斯托弗·乐·比安又一次给我们这个工作组提供了协助。每个相关的人都分别和他会面，和他讲述自己在股东位置上的体会和期待。比如我提到的是家人希望我在家庭团聚的时间里不要讨论和 GT 运输工作相关的事，但同时大家又很想更多地了解公司的现状。在 2016 年 6 月举办的第一次工作坊，我们围绕以下两个中心内容列出了想讨论的问题并确定了相关的工作计划：

* 每个家族股东在公司度过一天，以便了解公司的日常运营状况。
* 拜访其他家族企业。

围绕上面两个主题的探索为我们下一次的会面提供了素材。第二次工作坊于 2017 年 3 月举行，每个人都分享了自己的研究结果。我们还听马修讲了他在公司工作的经历以及他遇到的困难。在会议过程中，我也有机会向大家说明我的退休计划——何时、以怎样的方式从运营管理的岗位上退下来。我们的对话很有意义，并确定了下一步的工作方向。

在这次研讨会之后，我们每个人都以个体或者家庭整体的形式参加了各种工作坊，还参加了关于家族企业职权交接的培训①。

我们也开始了家庭章程的起草工作。这个工作还在进行中，过去这个月召开的会议和展开的调研都为我们提供了完善的素材。能有机会做这一切令我感到非常欣慰，因为无论对于我个人还是集体，都说明股东们对 GT 运输的发展和转型担负起了支持的责任。我很感激下一代家族股东对公司做出的富有价值的贡献。我做护士的女儿玛丽（Marie）和正在结束助产士培训的玛德琳（Madeleine）每天都在工作中面对着医疗环境中的尖锐矛盾。在医院里，具有献身精神的医务工作者每天照顾病患，而他们自己却经常在工作中感受到幸福的缺失，甚至承受着痛苦。这一直提醒着我如何在 GT 运输的工作环境中避免出现这样的情形。还有女儿布兰丁和她的丈夫以及孩子们在德国工作和生活，感受着跨国文化差异。最后还有安克莱尔（Anne-Claire），她在一家年轻并有潜力的公司工作，但她所在的公司完全没有集体智慧或协作工作的概念。每个孩子都以自

---

① 我们的女儿布兰丁（Blandine）和安克莱尔（Anne-Claire）参加了"下一代"的培训课程，这个课程由家族企业网络法国分公司举办。（FBN，(http://fbnfrance.fr) 布兰丁完成了主题为"董事角色"的综合培训课，该项培训由 MiddleNext organization 组织，作为一个家庭整体，我们参加了"家族式经营"（Doing business as a family）的研讨会，这个研讨会由来自企业家基金会（Entrepreneurial Foundation）的 Antoine Mayaud 主持（http://fondationentreprendre.org）

己的方式，有时是非常激进、有时是理性的方式，提升了我对年轻员工对公司所做贡献的认识。这也对我们招聘新员工时的选择产生了重大影响。年轻的家族股东们在公司巨大转型中的作用不容小觑。

# 12
# 以本质为核心

"以本质为核心"是 EVH 社群宗旨之一，我很快就想到用它做这章的标题。文森特·蓝哈德在其著作《我的 10 条教练策略——共创自由和责任》[1] 中，声情并茂地描述了 1992 年他第一次见到时任苏尔泽柴油（Sulzer-Diesel）CEO 伯特兰·马丁（Bertrand Martin）时的情景。伯特兰·马丁当时对他说："对我而言，董事长的职责之一就是让一切事物围绕着本质进行。"文森特·蓝哈德的另一本著作《赋予意义的领导者》[2] 当时刚刚交稿，他在序言中也提到了"以本质为核心"。这幸运的巧合和他们的会面碰撞出了深厚的友谊火花，进而成就了 EVH 社群的组建。

---

[1] 文森特·蓝哈德（Vincent Lenhardt），《我的 10 条教练策略——共创自由和责任》(*Mes 10 stratégies de coaching：Pour une co-construction de la liberté et de la responsabilité*)，InterEditions 出版社，2017。

[2] 文森特·蓝哈德（Vincent Lenhardt），《赋予意义的领导者——个人和团队教练的文化与实践》(*Les Responsables porteurs de sens：Culture et pratique de coaching et du team-building*)，Eyrolles 出版社，2015。

## 第3部分 普通人和老板：当角色转换时

# 赋予行动什么意义？

"以本质为核心"具体是什么意思呢？对于企业领导者来说，所有和维持顺畅运营、帮助企业成长相关的事物都非常重要，如战略、销售、组织和财务等。换句话说，任何让我们白天繁忙奔波、夜不能寐的事情都是重要的。那么，什么样的事是本质的呢？本质的事就是我们内心深处的信仰、我们赋予自身生命和行动的意义、我们和家人的联结、自我的超越。可惜的是，大多数人把重心在这两者之间放错了位置——把时间和精力过多地放在了重要的事情上，而不是放在本质上。但是，如果能把"重要的事"跟"本质"紧密地结合起来，我们就会有整合的感觉，也能给公司带来持久的积极作用，这一点我可以用自身的经历来证明。这也是我一早就加入基督企业家和管理者协会以及 EVH 社群的驱动力。当我们试图达到这种整合时，需要坚持"以本质为核心"这一信念，只有当自我得到进化时，我们才能允许所管理的组织从根本上发生变化。

后来，我又进一步追寻生命的整合，对此有了更加深入的了解。在法国，每年都会举行一个名为"商务人士大学"① 的活动。活动为期两天，与会者可以听到很多激情的演讲。我也是在那里第一次听到比如克里斯托弗·安德烈和菲利浦·德赛

---

① http://universitehommesentreprises.com

定以及英格丽·贝当古（Ingrid Bettencourt）等人的演讲。我记得塞巴斯蒂安·亨利（Sébastien Henry）的演讲主题很新颖，让人耳目一新。他讲的是"当决策者向僧人取经"①。塞巴斯蒂安曾是一家公司的经理，后升任为合作董事，他们的公司在中国和日本都有业务，所以他有机会接触很多佛教和基督教的僧侣。基于佛教和基督教的共同点和他自己作为商人的经历，他总结出了"为行动赋予意义的九条原则"。我之所以在下文引用一些他的理论，是因为他对商业领导者所面对的挑战总结得非常清晰：

> 这本书是面向那些全心全意投入到其使命，从中获得了巨大满足感，同时又感到意义不足，有时还处在深深困惑中的董事和经理们的。他们力求让自己的行动更具深度和影响力。为了实现这一目标，他们不但不想放弃自己的精神修行，相反，他们把精神修行全面纳入了日常生活中。

但这也要求我们做出一定的选择。赛巴斯蒂安描述了这些经常很繁忙的老板们所面临的挑战：

---

① 塞巴斯蒂安·亨利（Sébastien Henry），《当决策者向僧人取经：为行动赋予意义的九条原则》（*Quand les décideurs s'inspirent des moines：9 principes pour donner du sens à votre action*），Dunod 出版社，2012。

第 3 部分　普通人和老板：当角色转换时

精神层面的进步不会偶然发生，尤其是董事和经理们日常工作量都很大，连喘息的时间都没有，所以如果想取得成功，他们必须持久坚定地进行精神修行。

我强烈建议你去阅读塞巴斯蒂安·亨利的著作，同时我想分享一下帮助我实现"将本质放到核心位置上"的两件事：首先我会说说两次个人愿景谱写过程，然后谈谈我采取的自我充电行动。

## 重返深山

近几年来，我经历了两次勾画愿景的过程。第一次是在 2007 年，我在比利牛斯山待了 4 天。登山的时候，我花了大量时间反思克里斯托弗·乐·比安提出的一些问题。

第二次是 2015 年 10 月，同样也是在大山里。那时我和碧昂缇丝去摩洛哥的阿特拉斯山脉，在那里待了四天。我们每天都花时间专门进行自我反思和与对方交谈。这个过程让我意识到见证的必要性：见证一家企业可以既取得经济效益，又让员工绽放天赋，同时还可以为社会做贡献。这个我在阿特拉斯山顶上潜意识中浮现出的渴望，自然和我在 GT 运输开展的组织转型密切相关。有趣的是，我没有特意寻找见证的机会，但自从 2016 年 1 月以来，我收到很多邀请去分享我们公司组织转型的经验，后来又被邀请写了你正在读的这本书。

勾画愿景和自省的目的在于帮助我们分辨出当下生活中什么是最重要的，帮我们看清自己试图实现的目标。在我们每个人的内心深处都有一个梦想、一个愿景、一个希望。可惜大都被埋在深处，很久没有更新过了。愿景的勾画过程需要我们身处能鼓舞人心的环境中，花些时间来探索我们内心深处的"终极目标"和愿望。

每一次勾画愿景都硕果累累。在两次憧憬愿景的过程中，我都花时间去感知和品味生活中对我很重要的到底是什么，然后向前看，看自己未来向往过怎样的生活。这个过程非常强有力。回头看我自己 2007 年以来的生活，我意识到我正走在一条自己以前从来没敢想象的生命之路上，一点一点地，我获得了更圆满的生活，而且我成功地将自己的信念、价值观和行动进行了统一。在公司层面，我感觉到自己和这场 5 年前启动的组织进化旅程越来越同频，我越来越少地被恐惧左右，越来越多地活在信任中。

## MBTI 性格测试

**我今天的生活**

在现在的生活中，什么让我感到幸福？我又是怎样生活的？

什么为我的生活赋予意义？在现在的生活中，最艰难、最痛苦的是什么？

在我今天的生活中，有哪些方面是没有意义或者缺少意义的？

我第一次思考某些问题的时候，什么样的想法和提问曾经引发我思考？

在我的内心深处，我在寻找人生中的什么？

我在生活中究竟想要什么？什么是我生命的"终极目标"？什么是我的人生使命？

通过最深的内心探索，我渴望成为一个怎样的人？我渴望怎样生活、怎样做事？什么会赋予我能量，会给我的生命带来意义？

**我最重要的价值观**

什么帮我进步？什么价值观指引我的行为、决定、工作和生活？一想到价值观，什么首先出现在我的脑海里？什么贯穿生活？

### 我主要的伙伴

谁曾经或正在支持我实现个人的"终极目标"？现在或者将来谁是我前进道路上的支柱或者帮我自省的一面镜子？

谁会受到我行动的影响？我的行动会牵涉谁？谁能帮助我实现我的"终极目标"？

### 我的愿景

谱写个人愿景，和前面介绍的构建企业愿景的过程很类似，只是这次更关注在个人身上。勾画个人愿景就是要用很具体的话语，描绘出不久的未来我们"终极目标"的成功画面。我们可以采取给亲近的人写信的形式来描述这一目标，告诉他们我们在经历什么，我们已经采取的行动、已经克服了的困难，以及今后的计划。原则是要尽可能完整、清晰以及详细。

> **迈出具体的下一步**
>
> 为了向我的"终极目标"迈进,我准备做出什么选择?有什么步骤?我需要什么资源?
>
> 在我做的决定中,排在前两位的是什么?这两个决定有可能是个新起点或当前路上的下一个驿站。

## 每天自我充电:保持身心健康

2009年,我第一次听了克里斯托弗·安德烈的演讲并阅读了他的著作《灵魂的状态——学会通往内心的宁静》。其中对我个人特别有价值的两处都谈到了要采取一种既简单又实用的练习来为自身充电,即写作和坚持体育锻炼。打那以后,我总随身带着一个记事本,尽量把生活中那些感动我、逗乐我、让我欣喜或难过的事情记录下来,也就是记录下那些让我们彻彻底底体味生活的事件。其实这个工程可不小,但它能帮助我在感到不知所措或者不能集中精力的时候,给自己一个空间,退一步思考。这让我获益匪浅。它也让我找到一种连贯性,帮我把每天不停息的各种活动和决策顺畅地联系在一起。

>日记通常是抵御思维懒惰和自我膨胀的良药,它敦促我们工作和反思。

克里斯托弗·安德烈也展示了经常性体育锻炼的益处——不仅仅是对身体,对我们的头脑和情绪都有益。我自己和运动员完全不沾边,但我始终坚持体育锻炼。可以确定地说,在我遇到困难、面临巨大压力的时候,体育锻炼帮我重新找回了平衡。

我还想强调两个看似相近的活动——祷告和冥想。祷告是自我超越的一部分,通常在宗教框架下发生,它能激励和滋养祷告者。根据我的理解,"冥想"可以训练我们的头脑,就像体操可以塑造我们的身体一样。虽然冥想也是宗教活动的一种,但我这里指的是其非宗教的意义。

祷告对于很多当代人来说很缥缈,有些人认为它毫无价值。但对于信徒而言,祷告是领悟事物本质的时刻。当我处于给他人或自己带来沉重影响的困境时,我经常祷告,这帮助我在内心给善良和同情留出更大的空间。当我感到快乐时,我也祷告,这帮助我常怀感恩之心。在日常生活中,祷告帮助我跳出具体事物来观察其本质,做出客观判断。

我以前冥想时并没有带着觉知,这点跟莫里哀笔下的汝尔丹先生[1]很像。在我遇到了克里斯托弗·安德烈,并拜读了他的著

---

[1] 引自莫里哀的喜剧《贵人迷》(*Le BourgeoisGentilhomme*)。

作《正念》① 以后，我深刻地体会到了经常性的冥想所带来的益处。这本书非常值得一读，他在书里以一种诚挚的教育方式将读者带入冥想的实践中。我经常利用会议间歇的那一小段时间来做冥想——把全部精力集中在自己的呼吸上，这个方法总能让我重新找回非常必要的友善态度，让我获得更大的平和。

我们可以使用呼吸法来平静内心。这并不是指去控制呼吸，而是自然地意识它并观察它。

当我旅行或等候的时候，我的"消遣"就是呼吸练习和身体感知。每当我的意识和当下真正联结起来的时候，我总能感到一种异常的平和。借助呼吸练习，我还摆脱了那些让头脑乃至生活都沉重不堪的消极的"寄生思想"。

## 自我实现的关键：精神层面

丽莎（Lisa）是我的一位加拿大朋友。她彻底地实现了对公司结构和商业运作的转型。她以前常对我们说："光想要，是不够的，必须相信。"这句话意义深远，也是她引入公司的基本原则。就像弗雷德里克·莱卢的理论所阐述的那样：公司转

---

① 克里斯托弗·安德烈（Christophe André），《正念——25节课让每一天活得更有觉知》(*Méditer jour après jour：25 leçons pour vivre en pleine conscience*)。

型并没有什么方法论和流程可参考，其关键是要通过激发员工的才智、触碰员工的心灵，从而找到一种新的合作方式。因此，我们必须勇敢地敞开心灵，彻底地调整公司愿景以及我们在公司的职责。

> 而当我们学会不再执著于自我的时候，才有可能迈向进化-青色①的范式。通过保持一定的距离来观察自我，我们就能发现自我是如何利用恐惧、野心和欲望来操纵生命的。我们也能学着弱化自己对于控制、假面与迎合的需求；我们不再混同于个人的自我，并且不再让自我的恐惧条件反射式控制自己的生活……是什么取代了恐惧？那是一种相信生命本自富足的能力。

就像丽莎说的那样，你"必须相信"。这指的不仅是决心与才智，同样也涉及人际关系和信任。在转型和解放的道路上，我们所要面对的并不是摆在面前的概念问题，也不是所暴露出的问题本身，而是我们自身的恐惧。我们每个人都必须经历从恐惧到自信的内在转变过程。

就我个人来说，我的信心来自对上帝的信仰。每个人的人

---

① 弗雷德里克·莱卢认为，这是人类发展的一个阶段，在这个阶段，我们"学会了从自我中去识别"。

## 第3部分　普通人和老板：当角色转换时

生道路不同，经历也不同。我一直都很乐意和拥有不同信仰及观点的人讨论与人生意义有关的话题。对于基督徒来说，每个人都对上帝充满了信仰和爱。祈祷的过程就是我和上帝独处的时间，感觉就像和家人在一起。祈祷让我恢复活力，并让我每天的生活都充满能量。对上帝的信仰来自我儿时的家庭生活，我的父母、祖父母还有其他家人对上帝都有着至深的信仰。

想在一本讲述企业变革经历的书里讨论宗教不是件容易的事。我甚至还向一位我个人认为在这方面非常出色的作家寻求过帮助。这位作家叫埃里克·伊曼努·施密特，他在《火之夜》[1] 一书中有过这样的描写：

> 在撒哈拉的日子里，我没有学到任何东西，那是因为我相信了所有的一切。当代人如果想要谈论信仰，他们必须是信徒。如果有人问我上帝是否存在，我会回答说我不知道，因为从哲学角度讲，我仍然是不可知论者，但是，我会补充道："我相信上帝的存在。"信念与科学有着巨大的差异，我不能将其混为一谈。我所知并不是我所信，而我所信永远也不能成为我所知。当人们被问起上帝存在与否的问题时，答

---

[1] 埃里克·伊曼努·施密特（Eric Emmanuel Schmitt），《火之夜》(*La Nuit de Feu*)。

案会有三种，每种都非常诚恳。信者说："我不知道，但我相信他存在。"无神论者说："我不知道，但我不相信他存在。"还有不感兴趣的人说："我不知道，我也不关心。"

你可能已经猜到了，我把自己归在了"信者"一类。我对人们尤其是在公司工作的人的愿景很大程度上受到基督教人类学的影响。我在GT运输从事的工作尤其是近五年来经历的激动人心的变革都受其影响。我还非常肯定，祷告的时候，上帝不仅仅触碰了我的才智和感知层面，还触动了我心灵的最深处。与上帝的这种关系滋养了我的直觉。

我深信企业可以同时在经济层面和人性层面上取得双丰收。人性层面意味着员工可以在企业中实现成长，获得滋养。这个信念给我很大的动力。下边这句基督教神父弗朗索瓦·瓦里隆的话，在我作为公司董事长的工作过程中，一直激励着我：

> 上帝创造了神圣的世界，而人类让世界更完美[1]。

文森特·蓝哈德好像也受到了这句话的激励，他说：

---

[1] 弗朗索瓦·瓦里隆（François Varillon），《活出基督精神》（*Vivre le Christianisme*），Centurion出版社，1992。

## 第 3 部分　普通人和老板：当角色转换时

我们生而为人就是要让世界更人性化。通过这种人性化，以及在和其他人的交往过程中，我们实现自我超越。这种超越可以在宗教的形式中获得，也可以由不相信自我超越的人来自行构建（或共同构建）。

最后，作为这一章的结尾，我想讲一件对我影响至深的事。在 2015 年 11 月巴黎恐怖主义爆炸袭击案发生之后，一名法籍基督徒和一名摩洛哥的穆斯林基于各自的信仰分别做了和平演说。很快，一些公司的管理者也加入他们的行列，并创建了"信仰助创业协会"（Foi pour Entreprendre）。这一运动旨在将拥有三种不同宗教信仰的公司管理者组织到一起。他们迫切地感到需要见证并采取行动以应对一个因私利和极端主义而支离破碎的世界。2016 年 3 月，我被邀请加入这个不断扩大的运动中。这场运动让来自基督企业家和管理者协会（EDC）的成员，以及来自摩洛哥和法国 EVH 的成员自然而然地建立起了联结。我们当中有些人已经在公司开始了转型的工作，这并不是巧合。这种驱动力带领着我们积极地在公司中发展自治，推动责任制。这种驱动力也同时体现在我们在公司之外的一系列承诺中。通过追寻"以本质为核心"这个原则，我们克服了内心的恐惧，将信心在群体中传播。正是因为这种信心，我们的生活才充满活力，我们才能自由展翅高飞。

# 结语

我的讲述即将结束。在这本书里,我着重介绍了我们是如何重新构建了 GT 运输的。最初步入转型的道路时,我们并没有任何已经成型的计划。我们摸着石头过河,并通过经历验证了这句人生格言:

> 生活中,我们并不是在学习新东西,而新东西总是意外地出现①。

这正是我们的体会。在将近六年的时间里,几乎每天都有新东西意外出现在眼前。我们可以从中学到什么呢?

我们已经看到了 GT 运输和其他的公司一样,有自己的历史,有自己在公路运输领域的业务活动,也有着自身成长和扩大收益的局限性。它还有企业文化、清晰的价值观和稳定的家族股东构架。但是任何一个公司的生命长河都不是一条悠长而

---

① 伊夫·吉拉德(Yves Girard),《荣耀:Toi》(*Promis à la gloire : Toi*),Anne Sigier 出版社,1993。

平静的河流。2011年的风波迫使我们踏上了挑战高峰、拥抱变革之路，而不是选择在熟悉的环境中裹足不前。

今天的GT运输充满了活力，公司转型的成果有目共睹。更重要的是，公司内部沟通比以往顺畅了那么多——就算这是转型的唯一收效，那也是惊人的成就。坚决实现公开透明的决心、对老板角色的重新定位，以及经理们的讨论小组都成了释放言论和潜能的催化剂。当我们走上这条共同的探险之路时，就开始体会到了探索企业定位的必要性。现在的我们拥有共同的愿景，并将其写进了公司的使命宣言。共同的价值观将我们团结在一起，共同的使命感一直推动我们前行。这些看起来也许无关紧要，但一直都是我们快速成长过程中绝佳的方向标。

我们转型的进程一直是实时更新的。几个星期前，四名人力资源的团队成员明确且坦率地指出我们的机构运转已经接近最大负荷。这主要是公司高速成长和开拓国际市场造成的。于是我们开始进入调整打造人力资源机构的新阶段。

对任何企业来说，金钱和收益都是至关重要的，但人们总是对有关工资的话题更敏感。在人力资源部门的倡议下，我们开始对每年工资调整的方式进行改革，采用自我评估的方式决定报酬。像众多其他话题一样，薪资的话题也可以由大家一起来讨论决定。同样，我们对高管团队的功能也进行了重新评估。

既然我们决定要对公司实现彻底的转型，这些事项就非常有必要得到充分讨论。高管团队并不处在监督的位置，而是系统不可或缺的一部分。我们还终结了董事会一直以来的组织形态，建立了一个新型的管理机制。

最后，近期的成就之一就是我们的愿景勾画。这是一项为了描绘未来、确保长久发展的活动。我们目前所具备的非凡的原动能就来源于这一活动。

在本书的最后一部分，我谈到了CEO与公司的关系。至于我个人的进化道路、个人的成长方式，深受2011年事件的影响。2011年的事件震醒了我，从此，我踏上了个人进化之路。问题的关键就在这里：如果CEO不彻底致力于个人转型，他所在公司是无法实现转型的。CEO既可以是转型的发起人，也可以是转型的最大绊脚石。弗雷德里克·莱卢就有如下生动的描述：

> 是什么决定了组织运作的阶段呢？答案是该组织的领导人所处的个人发展阶段，也就是他们看待世界的视角。不管是有意或者无意，领导者推行的组织架构、做法和文化都符合他们个人应对世界的模式，并且自认为是合理的。这意味着一个组织的进化程度不可能超越其领导人的发展阶段。

我想明确非常重要的一点：企业领导人绝对需要一定的协助才能将其所在的企业带上一条转型和释放的道路。他们还需要一个能实现自我充电或寻求灵感和支持的空间。就GT运输来说，如果没有克里斯托弗·乐·比安和雅克·桑帝尼的协助，转型是不可能实现的。深入的对话、互相的倾听、相互的理解和对现实情况的掌握使得我们能退后一步，以便让员工和我自己有机会向前大步跃进。实践证明，这一建立信心的过程在面对挑战的时候是非常关键的。克里斯托弗如下的话很好地描述了我们工作的质量：

> **"给所有人创造一个能发挥其最大潜能的舞台是 CEO 最主要的职责"**
>
> 克里斯托弗·乐·比安
> 托斯卡纳陪伴培训师
>
> 我们陪伴企业深度转型，这意味着要陪伴 CEO 走一段很长的路，路途中会触及一些本质性的问题。我们有机会走进 CEO 的个人生活，聆听他们对自身和企业的最大心愿和渴望，并见证他们勇敢地尝试给予他人更多的信任、自由和赋能。这一切对我们而言绝对是一份至高的荣幸。同时，在陪伴的旅程中，我们也接触和目睹了他们的脆弱、怀疑、恐惧、小我显露，以及放下掌控过程中历经的艰辛。

我对2011年阿尔卡雄（Arcachon）研讨会记忆尤深。那次我感到非常灰心。当时我们又在讨论关于人力资源的话题，而这个话题一直以来都没有得到高管团队的重视，那次也不例外。研讨会上，每个人要么在会议桌上，要么在走廊里，向我抱怨着他们有多厌倦讨论这个话题。那一刻我终于忍不住了，对他们说："如果你们不采取行动，如果你们因为没能力、没勇气来解决这个问题，导致这个话题每年都要被提出来的话，我的到来对你们而言就没有价值，那么，我不想再过来陪伴你们了。"

这番冲口而出的话使我意识到，我对公司和领导团队进化的慢节奏失去了耐心。多年来，建立在一种互相尊重的基础上，我和米歇尔一直以平等的旅伴关系相处，善意和严格要求同时并存。有时候我会担心米歇尔作何感想，尤其是在陪伴刚开始的时候，但尽管如此我从来没有将我的想法、直觉或者建议隐瞒在自己心里，也从来没有回避任何一场有建设性的交锋和碰撞。在米歇尔身边，我很自在，可以做真正的自己，在所有他邀我介入的场合中，我都可以淋漓尽致地追寻我的直觉，就我感知到的给予共鸣回应。

雅克·桑帝尼和我共同认为，我们要出现在需要的时候，但不要喧宾夺主，不要夺走他人运用才智或者掌控时局、解决问题的能力。毕竟，他们才是要操盘并经历所有改变的人。

从这个角度来说，我感到米歇尔很明智地"使用"了我们。在陪伴米歇尔和GT运输转型的几年里，无论在个人还是职业方面都彻底地改变了我。米歇尔在对人、对事判断方面的细腻和智慧一直帮助我成长：我们一起寻找铺路石为团队和GT运输铺路，寻找过程是一起完成的，我们都有各自不同的任务。

这一切之所以得以发生，是因为我们一点点地建立起了深厚的同盟关系，我们共同对人性的相信是这种同盟关系的基石。我们都渴望看到公司不仅是个创造经济利润的地方，还是一个人性绽放的场所。使人性绽放能创造持久的业绩。我们共同相信：若适宜的条件存在，人性最好的部分就会展现出来。这个人性最好的部分，是最有效的，也是最持续的。作为CEO，最主要的职责就是创造这样的环境让员工得以展现最好的自己。

在此，我还必须提到 EVH 社群，它是一个对我们极其有价值的场所和资源。EVH 的总裁吉尔斯-诺维尔·波耶尔伊斯（Gilles-Noël Poirieux）以及其他成员一直以来伴随着我们的征程。没有他们的支持，我很难完成这个转型。同样，我也一直获得了家族股东的支持，是他们为我提供了稳定的基础，我才能带领 GT 运输走上这段旅程。最后，作为一个信徒我想借用 2 世纪时期里昂大主教爱仁纽（Irenaeus）的话来表达我的感受：

全然地活着是上帝的荣耀。

2008 年，基督企业家及管理者协会（EDC）全国会议选定的主题是"领导和服务"：把这两个动词放在一起可能会让很多商界人士感到意外，甚至感到讽刺。而当我看到那些和我一起走过这段旅程的 GT 运输员工一张张鲜活的面孔时，我深深地感到这绝对是我也想放在一起的两个词。它们概括了我们转型的根本意义以及我作为最高领导者的工作职能。

我将借用法国达能（Danone）集团现任总裁范易谋（Emmanuel Faber）之前对 HEC 商业学校学生讲的这段话来结束这本书：

> 小心三种会威胁到你的疾病：权力、金钱和虚荣。那么多人成了自己挣的钱的奴隶。保持自由。服务才是真正唯一的权力。

我希望将来有更多的总裁们能认同这个视角的"权力"，并享受它。这是个能赋予生命力的权力。

# 对我有所启迪的书籍

Christophe André, *Les États d'âme : Un apprentissage de la sérénité*, Odile Jacob, 2011 ; *Méiter jour après jour : 25 leçons pour vivre en pleine conscience*, L'Iconoclaste, 2011.

Jacques Chaize, *La Porte du changement s'ouvre de l'intérieur : Les trois mutations de l'entreprise*, Calmann-Lévy, 1994 ; *Le Grand Écart : Les débuts de l'entreprise hypertexte*, Pearson, 2000.

Clayton Christensen, Jeff Dyer et Hal Gregersen, *Le Gène de l'innovateur : Cinq compétences qui font la différence*, Pearson, 2013.

James C. Collins et Jerry I. Porras, *Bâties pour durer : Les entreprises visionnaires ont-elles un secret?*, First, 1996.

Michel Cool, *Pour un capitalisme au service de l'homme : Paroles de patrons chrétiens*, Albin Michel, 2009.

Michel Crozier, *L'Entreprise à l'écoute : Apprendre le management post-industriel*, Seuil, 1994.

Boris Cyrulnik, *Sauve-toi, la vie t'appelle*, Odile Jacob, 2014.

Philippe Dessertine, *Ceci n'est pas une crise (juste la fin d'un monde*), Anne Carrière, 2009; *La Déompression (des solutions après le krach)*, Anne Carrière, 2011.

Alain Etchegoyen, *Les Entreprises ont-elles une âme?*, François Bourin, 1994.

Dominique Genelot, *Manager dans (et avec) la complexité*, Eyrolles, 2017.

Isaac Getz et Brian M. Carney, *Liberté & Cie : Quand la liberté des salariés fait le bonheur des entreprises*, Fayard, 2012.

Pierre Giorgini, *La Transition fulgurante : Vers un bouleversement systémique du monde?*, Bayard, 2014.

Sébastien Henry, *Quand les décideurs s'nspirent des moines : 9 principes pour donner du sens à votre action*, Dunod, 2012.

Bruno Jarrosson, Vincent Lenhardt et Bertrand Martin, *Oser la confiance : Propos sur l'engagement des dirigeants*, Eyrolles, 2016.

David Kessler et Elisabeth Kübler – Ross, *Leçons de vie*, Lattès, 2002.

Frédéric Laloux, *Reinventing Organisation : Vers des communautés de travail inspirées*, Diateino, 2015.

Christophe Le Buhan et Jacques Santini, *Les Fondements humains du leadership*, Toscane, 2014.

Vincent Lenhardt, *Les Responsables porteurs de sens : Culture et pratique du coaching et du team-building*, Eyrolles, 2015 ; *Mes 10 stratégies de coaching : Pour une co-construction de la liberté et de la responsabilité*, InterEditions, 2017.

Antoine Mayaud, *Entreprendre en famille*, ouvrage disponible auprès de l'uteur.

Vineet Nayar, *Les Employés d'abord, les clients ensuite : Comment renverser les règles du management*, Diateino, 2011.

Scott Peck, *Le Chemin le moins fréquenté : Apprendre à vivre avec la vie*, J'ai lu, 2004.

Éric - Emmanuel Schmitt, *La Nuit de feu*, Le Livre de Poche, 2017.

Ricardo Sempler, *À contre-courant : Vivre l'entreprise la plus extraordinaire au monde*, Dunod, 1993.

Jean Staune, *Les Clés du futur : Réinventer ensemble la société, l'économie et la science*, Fayard, 2018.

# 协会及运动

CJD：Centre des Jeunes Dirigeants 青年领袖中心

EDC：Mouvement des Entrepreneurs et Dirigeants Chrétiens 基督企业家和领导者协会

EVH：Entreprises Vivantes pour des Hommes et femmes vivantes：散发人性活力的企业（让每个成员都活出生命活力的企业）https://www.reseau-evh.com/

这项运动存在的意义，用我们自己的话表述如下：

* 公司领导者们在 EVH 可以进行自我发展和自我变革，这样他们就可以带领自己的组织向更大的愿景前进，获得更好的业绩表现。
* EVH 鼓励分享和宣传那些能够帮助产生新的生态系统的创始活动，核心是人们更自由、更有觉知和更负责。

Family Business Network https://www.fbn-i.org/about-us 家族企业网络

Foi pour Entreprendre 信仰助创业

Réseau Entreprendre 创业者社群 https://www.reseau-entreprendre.org

Réseaux APM 管理进步协会 https://www.apm.fr/

GERME 经理进步协会 https://www.germe.com/

图字：01-2020-3867 号

NOUS RÉINVENTONS NOTRE ENTREPRISE © Editions DIATEINO-Paris,2018
This translation is published under license.
Simplified Chinese edition copyright © 2021 People's Oriental Publishing & Media Co., Ltd
(The Oriental Press).
All Right Reserved.

中文简体字版专有权属东方出版社

**图书在版编目（CIP）数据**

转型：法国老牌物流公司 GT 运输的组织进化之旅／（法）米歇尔·萨尔特 著；郭倩，毕聪敏，李卫红 译. —北京：东方出版社，2021.5
ISBN 978-7-5207-2023-6

Ⅰ.①转…　Ⅱ.①米…②郭…③毕…④李…　Ⅲ.①物流企业—企业管理—组织管理学—研究—法国　Ⅳ.①F259.356.53

中国版本图书馆 CIP 数据核字（2021）第 044326 号

**转型：法国老牌物流公司 GT 运输的组织进化之旅**
(ZHUANXING: FAGUO LAOPAI WULIU GONGSI GT YUNSHU DE ZUZHI JINHUA ZHI LÜ)

| | |
|---|---|
| 作　　者： | ［法］米歇尔·萨尔特（Michel Sarrat） |
| 译　　者： | 郭　倩　毕聪敏　李卫红 |
| 审　　校： | 方宗贤　郭　佳 |
| 责任编辑： | 申　浩 |
| 出　　版： | 东方出版社 |
| 发　　行： | 人民东方出版传媒有限公司 |
| 地　　址： | 北京市西城区北三环中路 6 号 |
| 邮　　编： | 100120 |
| 印　　刷： | 北京联兴盛业印刷股份有限公司 |
| 版　　次： | 2021 年 5 月第 1 版 |
| 印　　次： | 2021 年 5 月第 1 次印刷 |
| 开　　本： | 880 毫米×1230 毫米　1/32 |
| 印　　张： | 7.5 |
| 字　　数： | 140 千字 |
| 书　　号： | ISBN 978-7-5207-2023-6 |
| 定　　价： | 49.00 元 |

发行电话：(010) 85924663　85924644　85924641

**版权所有，违者必究**
如有印装质量问题，我社负责调换，请拨打电话：(010) 85924602　85924603